Sächsische Maschinenfabrik AG

Lokomotiven

Ausgabe 1910

Verlag
der
Wissenschaften

Sächsische Maschinenfabrik AG

Lokomotiven

Ausgabe 1910

ISBN/EAN: 9783957002129

Auflage: 1

Erscheinungsjahr: 2014

Erscheinungsort: Norderstedt, Deutschland

Hergestellt in Europa, USA, Kanada, Australien, Japan
Verlag der Wissenschaften in Hansebooks GmbH, Norderstedt

Cover: Gesamtansicht der Maschinenfabrik, Kesselschmiede und Glaserei

SÄCHSISCHE MASCHINENFABRIK
vorm.
RICH. HARTMANN
AKTIENGESELLSCHAFT
CHEMNITZ

GEGRÜNDET 1837

AKTIEN-KAPITAL: 12 MILLIONEN MARK :: :: :: ÜBER 5000 BEAMTE UND ARBEITER

LOKOMOTIVEN

AUSGABE 1910

SÄCHSISCHE MASCHINENFABRIK
vorm.
RICH. HARTMANN
AKTIENGESELLSCHAFT
CHEMNITZ

GEGRÜNDET 1837

AKTIEN-KAPITAL: 12 MILLIONEN MARK :: :: :: ÜBER 5000 BEAMTE UND ARBEITER

LOKOMOTIVEN

AUSGABE 1910

4 Schnellzugs-Lokomotiven der Französischen Ostbahn
auf dem Hofe der S. M.-F. fertig zum Versand.

SÄCHSISCHE MASCHINENFABRIK
VORM.
RICH. HARTMANN, AKTIEN-GESELLSCHAFT, CHEMNITZ

TELEGRAMME: HARTMANNS CHEMNITZ.
FERNSPRECHER: Nr. 39, 1803 und 2004.
GEGRÜNDET 1837.
AKTIENKAPITAL: 12 MILLIONEN MARK.
ÜBER 5000 ARBEITER UND BEAMTE.

GESCHICHTE UND BESCHREIBUNG DES WERKES

GESAMTANSICHT DER MASCHINENFABRIK, KESSELSCHMIEDE UND GIESSEREI

AUSZEICHNUNGEN.

DRESDEN	Goldene Preismedaille		1843	WIEN	Ehrendiplom		1873
BERLIN	Silberne Medaille		1844	DRESDEN	Preismedaille		1875
DRESDEN	Goldene Preismedaille		1845	MELBOURNE	Goldene und silberne Medaille		1880
MÜNCHEN	Preismedaille		1854	AMSTERDAM	Goldene Medaille		1883
PARIS	Medaille I. Klasse		1855	COMO	Ehrendiplom		1899
LONDON	Ehrenmedaille		1862	PARIS	Grand Prix		1900
PARIS	Goldene und silberne Medaille		1867	DRESDEN	Goldene Medaille		1903
MOSKAU	Große goldene Medaille		1872	BERLIN	Goldene Medaille		1907

CHEMNITZ 1909

RICH. HARTMANN

Den Begründer der Sächsischen Maschinenfabrik vorm. Rich. Hartmann Aktien-Gesellschaft nennt der Volksmund „den großen Chemnitzer Maschinenbauer". Diesen Ehrentitel erwarb sich Richard Hartmann durch seine Verdienste um den deutschen Maschinenbau, der sich in den dreißiger und vierziger Jahren des vorigen Jahrhunderts kräftig zu entwickeln begann und die Einführung und Ausbreitung der Dampfmaschinen und Eisenbahnen ermöglichte.

Richard Hartmann wurde 1809 zu Barr im Elsaß geboren und kam als Zeugschmied 1832 nach Chemnitz. Hier arbeitete er sich in den Maschinenbau hinein und brachte es durch außerordentlichen Fleiß und Tüchtigkeit bald zum Akkordmeister. 1837 erwarb er das Bürgerrecht und begann mit 3 Arbeitern ein eigenes Geschäft, das sich schnell erweiterte und dem durch die Erfindung des Florteilers (Vorspinnvorrichtung für Streichgarnkrempel) ständig neue Aufträge zuflossen. Der junge Anfänger verlegte mehrmals seine Werkstatt und siedelte 1840 nach der Klostermühle über, da er für 76 Arbeiter nicht Raum genug hatte. Vier Jahre später wurde die Fabrik in eigene Räume nach der Leipziger Straße verlegt, wo 350 Arbeiter Beschäftigung fanden.

Der vielseitige und vorausblickende Industrielle, der seine Kenntnisse durch Reisen nach dem Auslande und die unmittelbare Berührung mit der im Aufblühen begriffenen heimischen Industrie schnell erweiterte, stellte bereits 1840 die erste Dampfmaschine her und entwickelte diese Abteilung mit rastlosem Eifer. Im Jahre 1847 verwirklichte sich auch Hartmanns Gedanke, den Lokomotivenbau aufzunehmen. In Sachsen waren nach dieser Richtung hin bereits Versuche unternommen worden, denn man wollte sich von England freimachen, von wo man die Lokomotiven bezog. So hatte eine Aktiengesellschaft zu Übigau 1838 unter Leitung des Professors Schubert eine Lokomotive erbaut, wozu ihr von der Verwaltung der Leipzig-Dresdner Bahn eine

KOLONIE „HEIM"

VERWALTUNGSGEBÄUDE

GIESSEREI

TEIL AUS DER ABT. WERKZEUGMASCHINENBAU

Modellmaschine überlassen worden war. Diese erste sächsische Maschine erfüllte aber nicht alle Anforderungen und konnte nur zum Bahnhofsdienste verwendet werden. Einen weiteren Versuch im Lokomotivenbau machte dann 1839 die Sächsische Maschinenbaukompagnie (früher Haubold). Auch sie erhielt von der oben genannten Eisenbahnverwaltung ein Modell und baute den „Pegasus", der mehrere Jahre der Leipziger Bahn gute Dienste leistete, gleichzeitig die „Teutonia", die

KÜMPEL-PRESSE

AUS DER GIESSEREI

TEIL DER LOKOMOTIV-MONTAGEHALLE

entgegengesetzt der üblichen Bauweise — einen Außenzylinder hatte und eine eigentümliche Kolbensteuerung, zu deren Bewegung Schleifkurbelhebel verwandt wurden.

Schon Ende des Jahres 1845 tauchte bei Hartmann das gleiche Projekt auf und faßte so feste Wurzeln in seinem schöpferischen Geiste, daß Hartmann schon im folgenden Jahre mit einem in dem Fache erfahrenen Beamten, dem Ingenieur Steinmetz, eine Reise nach England unternahm, um sich sowohl über den Bau von

ABT. ZYLINDERBAU

Lokomotiven als auch über die dazu nötigen Werkzeugmaschinen zu unterrichten. Sämtliche Beamten der Fabrik begleiteten die beiden Reisenden bis Penig.

Bald nach erfolgter Rückkehr Hartmanns und seines Ingenieurs aus England konnte der Lokomotivenbau in Angriff genommen werden. Dazu gehörte aber ein bedeutendes Betriebskapital. Dank gebührt der sächsischen Regierung, die stets gern neue, das gewerbliche Leben fördernde Unternehmungen unterstützte, daß sie Hartmann damals ein

BLICK IN DIE ABT. DAMPFMASCHINENBAU

Kapital von 30000 Talern bewilligte, das nach 10 Jahren zurückzuzahlen war und 5 Jahre ohne Zinsen benutzt werden konnte. Gewiß eine große Vergünstigung, deren Hartmann auch stets dankbar gedachte, ja, er bekannte später mehr als einmal öffentlich, daß er durch diese Huld in den Stand gesetzt worden sei, seine Pläne auszuführen, was ihm ohne diesen staatlichen Vorschuß unmöglich gewesen wäre. So konnte er denn 1848 die erste Lokomotive an die Sächsisch-Bayrische Staatsbahn abliefern, wobei zu erwähnen ist, daß Chemnitz selbst zu jener Zeit noch keinen Bahnanschluß hatte. Die politischen Wirren und wirt-

BLICK IN DIE LOKOMOTIV-MONTAGEHALLE

TEIL AUS DER KESSELSCHMIEDE

schaftlichen Krisen jener Zeit, die zu trostlosen Geschäftsstockungen führten, veranlaßten Richard Hartmann, vorübergehend die Fabrikation von Schußwaffen aufzunehmen, um Arbeitsgelegenheit für seine Arbeiter zu schaffen.

1854 wurde eine eigene Gießerei eingerichtet und 1855 der Bau von Turbinen und Mühleneinrichtungen begonnen. 1857 erweiterte sich der Betrieb durch Einrichtung einer besonderen Abteilung für den Werkzeug-Maschinenbau. Ein fürchterliches Schadenfeuer vernichtete 1860 den größten Teil des umfangreichen Werkes, das jedoch dank der rastlosen Energie seines Besitzers in kürzester Zeit wieder erstand. Im Jahre 1864 wurde der Grundstein zu einem neuen Gebäude für den Werkzeug-Maschinenbau gelegt, wodurch diese Abteilung zu außerordentlicher Leistungsfähigkeit, besonders in der Herstellung schwerer Werkzeugmaschinen für Geschützfabrikation, Schiffswerften, Hüttenwerke usw. gelangte. Auch die Abteilung Lokomotivbau erhielt eine neue Montagehalle, so daß von nun ab 36 Lokomotiven gleichzeitig in Bau genommen werden konnten.

Im April 1870 ging das Werk in den Besitz der Aktiengesellschaft „Sächsische Maschinenfabrik zu Chemnitz" mit einem Kapital von 7½ Millionen Mark über. Richard Hartmann, dem der Titel eines Geheimen Kommerzienrates verliehen war, übernahm den Vorsitz im Aufsichtsrate der neuen Gesellschaft. Er stiftete ein größeres Kapital zur Gründung einer allgemeinen Invaliden-Pensionskasse und leitete den Bau von Arbeiterwohnungen in die Wege.

Am 16. Dezember 1878 schloß Richard Hartmann für immer die Augen.

Die bedeutende Entwickelung des Werkes als Aktiengesellschaft, die heute „Sächsische Maschinenfabrik vorm. Rich. Hartmann A.-G." firmiert, etwa 5000 Personen beschäftigt und mit einem Aktienkapital von 12 Millionen Mark arbeitet, ist wohlbekannt.

So wurden die

TEIL AUS DEM WERKZEUGMASCHINENBAU

MECH. WERKSTATT AUS DER ABT. WEBSTUHLBAU

Werkstätten für den Dampfmaschinen- und allgemeinen Maschinenbau bedeutend erweitert, 1897 ein großes Verwaltungsgebäude und ein Neubau für die Herstellung von Spinnereimaschinen errichtet, 1898 eine vorzüglich eingerichtete Eisen- und Metallgießerei mit 17000 qm Gebäudefläche in Betrieb genommen.

Die Turbinenabteilung erhielt gleichfalls einen stattlichen Neubau, die Lokomotivmontagehalle und die Lackiererei wurden beträchtlich vergrößert. Zahlreiche Erweiterungsbauten sind im Entstehen oder beschlossen, um die neuesten Errungenschaften der Technik nutzbar zu machen.

Der Umsatz der Sächsischen Maschinenfabrik seit ihrem Bestehen als Aktiengesellschaft beläuft sich auf fast eine halbe Milliarde Mark. Es wurden zur Ablieferung gebracht 3300 Lokomotiven, etwa 1200 Tender und 2500 Dampfmaschinen aller Systeme, 4000 Dampfkessel, 1000 Dampf- und Transmissionspumpen, 400 Dampfhämmer, 350 Laufkräne, 600 Eis- und Kühlmaschinen, 1500 Wasserturbinen, 15000 Werkzeugmaschinen, 12000 Spinnmaschinen und Selfaktoren sowie 10000 Krempeln, 600 Garntrockenmaschinen, 1500 Wölfe, 50000 Webstühle, 15000000 Kilo Transmissionen und etwa 50000 diverse Maschinen.

AUS DER ABT. WERKZEUGMASCHINENBAU

Der Wert der jährlich zur Ablieferung gebrachten Maschinen beläuft sich auf rund 15 Millionen Mark. Vierzig Prozent dieses Umsatzes ist für den Export nach fast allen Ländern der Erde bestimmt.

Die Wohlfahrtseinrichtungen für die Beamten und Arbeiter sind ständig erweitert worden. Die Arbeiter-Unterstützungskasse besitzt etwa 250000 Mark, die Beamten-Unterstützungskasse das gleiche Kapital, die Stiftung „Heim", aus der 46 außerhalb der Stadt gelegene Häuser für 99 Familien erbaut worden sind, hat 200000 Mark im Vermögen. Fast in jedem Jahre feiern zahreiche Beamte und Arbeiter der Sächsischen Maschinenfabrik Dienstjubiläen. Ein seltenes Fest hat jedoch das Jahr 1908 gebracht, in dem 264 Jubilare, die 25, 30, 40 und 50 Jahre in dem Werke tätig sind, durch staatliche silberne Medaillen, Ehrenzeichen für Treue in der Arbeit und Ehrendiplome der

AUS DER ABT. SPINNEREIMASCHINENBAU

MONTAGEHALLE DER ABT. WEBSTUHLBAU

Stadt Chemnitz ausgezeichnet werden konnten. Die Werke bestehen aus in Chemnitz gelegenen Grundstücken mit einem Gesamtflächeninhalt von etwa 260000 qm, welche mit 116 Gebäuden und 22 hohen Schornsteinen bebaut sind, und einem Areal in Borna und Furth, nahe bei Chemnitz, von zirka 600000 qm Größe.

Der Fabrikbetrieb der Sächsischen Maschinenfabrik ist derart gestaltet, daß die Hartmann-Werke in der Lage sind, vollständige Kraftzentralen für Fabrikbetriebe, Licht- und Kraftwerke zu bauen, in denen entweder Dampfmaschinen, Dampfturbinen, Wasserturbinen oder entsprechend vereinigte Maschinengattungen zur Verwendung kommen. In Verbindung mit der Abteilung für Werkzeugmaschinen werden Maschinen und Lokomotivfabriken, Reparaturwerkstätten, Geschütz- und Geschoßfabriken, Arsenale vollständig eingerichtet.

Des besten Rufes erfreuen sich besonders auch die Hartmannschen Webstühle, Spinnerei- und Zwirnmaschinen, die in einer großen Zahl bedeutender Unternehmungen sich stets glänzend bewährt haben.

So reiht sich das im Laufe von dreiviertel Jahrhundert aus dem bescheidensten Umfange herausgewachsene Werk als eines der bedeutendsten und bekanntesten in den Kreis der deutschen Großbetriebe. Stetige Verbesserungen der Hilfsmittel und Erweiterungen der Einrichtungen steigern fortdauernd die technische Leistungsfähigkeit des Unternehmens und erhalten dem Namen „HARTMANN" den guten Klang, den ihm der geniale Begründer zu geben verstanden hat.

Lokomotiven

Vergleichende Darstellung

(Maßstab 1 : 100)

der **1. Lokomotive „Glückauf"**, geliefert im Februar 1848 an die Direktion der Sächsisch-Bayerischen Staatseisenbahn in Leipzig, mit

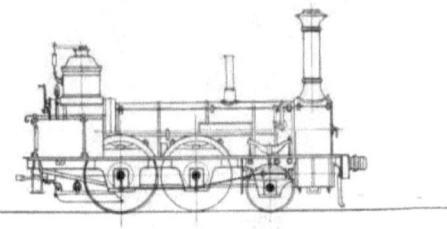

der **3250. Lokomotive**, geliefert im Februar 1909 an die Königlich Sächsischen Staatseisenbahnen in Dresden.

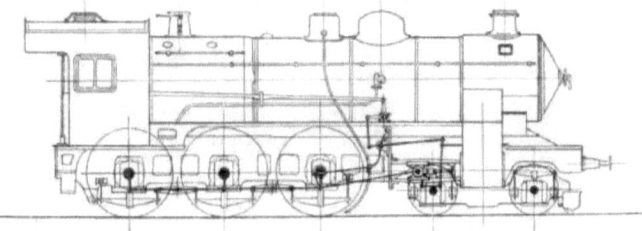

HAUPTABMESSUNGEN	Lokomotive Nr. 1 „Glückauf"	Lokomotive Nr. 3250
Zylinderdurchmesser	356 mm	610 mm
Kolbenhub	560 „	630 „
Treibraddurchmesser	1538 „	1885 „
Dampfdruck	5,5 kg	12 kg
Gesamte Heizfläche	80,6 qm	218 qm
Rostfläche	1,0 „	2,84 „
Leergewicht	21725 kg	64300 kg
Dienstgewicht	24000 „	72000 „
Zugkraft	1520 „	9000 „
Pferdestärke	250 P.S.	1600 P.S.
Ganze Länge der Lokomotive	7500 mm	12500 mm
Spurweite	1435 „	1435 „

Fig. 1. Erste Lokomotive „Glück auf" 1848.

Fig. 2. Gebirgs-Lokomotive 1858.

DIE ENTWICKLUNG DES LOKOMOTIVENBAUES
BEI DER
SÄCHSISCHEN MASCHINENFABRIK VORM. RICH. HARTMANN, AKTIENGESELLSCHAFT, CHEMNITZ.

ie ersten Eisenbahnen Deutschlands bezogen ihre Lokomotiven fast ausschließlich aus England, da dieses Land die erste und lange Zeit auch die einzige Lokomotivenfabrik der Welt besaß, die, vom Erfinder der Lokomotive, Stephenson, gegründet, zur Zeit der Einführung der Eisenbahnen in Deutschland bereits über reiche Erfahrungen verfügte.

Es war daher ein gewagtes Unternehmen, den schweren Kampf gegen diese ausländische Konkurrenz aufzunehmen.

Zu den deutschen Fabrikanten, die hierzu den Mut hatten, gehörte auch *Richard Hartmann*, der 1848 seine erste Lokomotive „Glück auf" (Fig. 1) an die Sächsisch-Bayerische-Staatseisenbahn zur Ablieferung brachte. Die Entwickelung des Lokomotivenbaues bei der Sächsischen Maschinenfabrik seit diesem Jahre ist dann ein getreues Bild der Geschichte des deutschen Lokomotivenbaues geworden.

Der junge Geschäftszweig entwickelte sich in den ersten Jahren nur langsam (1858, also nach zehn Jahren, wurde erst die hundertste Lokomotive abgeliefert) und 1860 mußte er wegen eines ausgedehnten Fabrikbrandes unterbrochen werden, bis die Werkstätten wieder hergestellt waren. Dann aber wurden die Fortschritte um so rascher und die Erfolge um so größer, namentlich, nachdem neben dem Geschäfte der Maschinen für die Sächsischen Staatsbahnen denjenigen für das Ausland besondere Fürsorge zugewandt worden war. Und heute laufen Hartmannsche Lokomotiven auf den Schienensträngen, die dem Nordpol am nächsten liegen, gleichzeitig auf denen unter dem Äquator und nicht allzufern vom Südpol.

Anfangs wurden bei den Lokomotiven, die Hartmann

Fig. 3. Schnellzugs-Lokomotive 1862.

Fig. 4. Güterzugs-Lokomotive 1862.

baute, die damals allgemein üblichen Steuerungen von Stephenson, Allan und Gooch verwendet, die man den englischen Vorbildern entnommen hatte. Als dann Heusinger von Waldegg seine Steuerung erfand, die sich durch ihre Einfachheit und vorteilhafte Dampfverteilung den Steuerungen, die man mittlerweile für ortsfeste Maschinen hatte bauen lernen, an die Seite stellte, nahm Hartmann diese Verbesserung auf und lieferte 1867 seine erste Lokomotive mit dieser Steuerung an die Schweizer Bahn. Später wurde fast ausschließlich die Heusinger-Steuerung verwendet.

1868 erfuhr der Lokomotivenbau der Sächsischen Maschinenfabrik seine erste bedeutende Erweiterung durch die Errichtung einer geräumigen Montagehalle, der dann 1896 und 1908 weitere Vergrößerungen folgten, die sich teils den Abmessungen der heute bis auf 15 m Länge angewachsenen Maschinen anpaßten, teils aber die Leistungsfähigkeit in bezug auf die Anzahl der jährlich zu bauenden Lokomotiven erhöhten, so daß das Werk heute imstande ist, neben den kleinen Maschinen 150 große Hauptbahnlokomotiven jährlich zu liefern.

Bei ortsfesten Dampfmaschinen lernte man den wirtschaftlichen Vorteil, der durch die Expansion des Dampfes in mehreren Zylindern hintereinander erreicht wird, schon frühzeitig, z. B. in der Wolfschen Maschine, ausnützen. Man konnte dieses Prinzip aber bei Lokomotiven erst betriebssicher anwenden, nachdem eine Vorrichtung gefunden war, die auch bei der Totpunktstellung des Hochdruckkolbens das Anfahren gestattete. Nach zahlreichen Versuchen mit verschiedenen derartigen Einrichtungen, die ihren Zweck nicht vollständig erfüllten, erfand August von Borries 1884 sein Anfahrventil, das diesen Anforderungen entsprach und unter dem Namen des Erfinders weit bekannt wurde.

Die Sächsische Maschinenfabrik verwendete 1885 dieses Anfahrventil erstmalig bei einem Auftrage der Königlich Sächsischen Staatseisenbahnen an einer Verbund-Güterzuglokomotive (Fig. 7). Gleichzeitig mit dieser Maschine kam eine Vergleichslokomotive derselben Größe und Bauart, aber mit Zwillingswirkung zur Ab-

Fig. 5. Gebirgs-Lokomotive 1863.

lieferung. Die mit beiden angestellten Versuche fielen zugunsten der Verbundlokomotive aus.

Die Verwaltung der Königlich Sächsischen Staatseisenbahn entschloß sich daraufhin zu

Fig. 6. Schnellzugs-Lokomotive 1882.

weiteren Versuchen mit Verbund-Schnellzuglokomotiven. Zu diesem Zwecke lieferte die Sächsische Maschinenfabrik 1886 je eine 2 3-gekuppelte Schnellzugslokomotive mit Zwillings- und Verbundwirkung (Fig. 8). Auch von diesen beiden erwies sich die Verbundlokomotive als wirtschaftlich überlegen, so daß ihr in der Folge der Vorzug gegeben wurde. Über 800 Verbundlokomotiven haben bis jetzt die Werkstätten der Sächsischen Maschinenfabrik verlassen, nachdem dann auch die Anfahrvorrichtung von Lindner eingeführt worden war, die der Borriesschen Einrichtung gegenüber noch mancherlei Vorteile aufweist.

Mit dem Vordringen der Eisenbahnen in gebirgige Gegenden, in denen sich häufig große Kurven mit kleinen Halbmessern nicht vermeiden lassen, wurde an die Lokomotivenbauer eine neue Aufgabe gestellt. Dort lassen sich gewöhnliche Lokomotiven mit festen Achsen und größerem Radstande nicht immer mit Vorteil verwenden. Man kam daher auf die kurvenbeweglichen Maschinen, bei denen der Kessel mit dem Rahmen auf zwei Motorgestellen ruht, die um mittlere Zapfen drehbar sind. Diese Motorgestelle mit kurzem Radstande, deren Räder miteinander durch Kuppelstangen verbunden sind, können sich beim Durchfahren der

Fig. 7. Verbundlokomotive 1885.

Fig. 8. Verbundlokomotive 1886.

Fig. 9. Kurvenbewegliche Lokomotive 1891.

Kurven leicht einstellen, ohne zu drängen. Derartige kurvenbewegliche Maschinen, zuerst bekannt geworden als Meyer-Maschinen, sind Verbundlokomotiven, bei denen jedes Motorgestell eine Zweizylinder-Lokomotive darstellt, die zusammen einen Kessel besitzen, und zwar so, daß die Hochdruckzylinder am hinteren, die Niederdruckzylinder am vorderen Gestelle angeordnet sind. Die erste dieser kurvenbeweglichen Lokomotiven (nach Bauart Meyer Fig. 9) brachte die Sächsische Maschinenfabrik 1891 an die Königlich Sächsische Staatseisenbahn zur Ablieferung, da Sachsen, dessen Eisenbahnen vorwiegend in gebirgigem Gelände fahren, das gegebene Versuchsfeld für eine derartige Bauart war. Den Maschinen nach Bauart Meyer folgten bald normal- und schmalspurige Lokomotiven nach Bauart Klose (Fig. 10), die aber nur noch selten gebaut werden, und dann die nach Bauart Mallet-Rimrott (Fig. 11 und 12), die namentlich auch im Ausland, in tropischen und subtropischen Ländern rasch Aufnahme fanden. Eine große Anzahl der in Niederländisch-Indien fahrenden Maschinen wurden von der Sächsischen Maschinenfabrik nach diesem System gebaut.

Stetig wuchsen die Anforderungen an die Leistung der Lokomotiven. Dementsprechend waren die Maschinenleistungen und auch die Zylinderdurchmesser zu vergrößern, so daß die letzten Schnellzuglokomotiven bis zu 1600 Pferdekräfte leisten müssen. Eine gewisse Größe des Zylinderdurchmessers darf aber wegen der allgemeinen Profilweite nicht überschritten werden. Man war daher gezwungen, drei und vier Zylinder anzuwenden. Dadurch wurde außer kleineren Abmessungen der Zylinder auch der Vorteil erreicht, daß die geradlinig sich bewegenden Massen besser ausgeglichen werden können, wodurch die Tangentialdruckkräfte (Drehkräfte) gleichmäßiger auf die Kurbeln wirken und die Lokomotiven ruhiger laufen.

Die erste Lokomotive der Sächsischen Maschinenfabrik mit vier Zylindern, die auf ein gekuppeltes Achsensystem wirken, war eine Schnellzugs-Verbundlokomotive. Sie wurde im Jahre 1900 auf der Pariser Weltausstellung vorgeführt und erregte dort allgemeines Aufsehen.

Bis zum Ende des vorigen Jahrhunderts war der Wirkungsgrad der Lokomotiven in bezug auf den Brennstoffverbrauch relativ ungünstig, weil man die bedeutenden Kondensationsverluste in den Zylindern in Kauf nehmen mußte. Da sich die Anwendung des überhitzten Dampfes, der sich bei ortsfesten Maschinen schon mit Erfolg eingeführt hatte, nicht ohne weiteres auf Lokomotiven übertragen ließ, wandte man, um die Kondensationsverluste zu verringern, zunächst die Dampftrocknung an.

Die Sächsische Maschinenfabrik baute erstmalig 1902 einen Verbinder-Dampftrockner (Fig. 14) bei schweren Güterzugslokomotiven. Durch ihn wurden die in die Rauchkammer eintretenden Heizgase, die noch eine Temperatur bis zu 360° C besitzen, dazu benutzt, um den Dampf, der aus dem Hochdruckzylinder in den Niederdruckzylinder übertritt, zu trocknen. Hierbei war gegenüber den gewöhnlichen Verbund- und Zwillingsmaschinen eine Kohlenersparnis bis zu sieben vom Hundert zu verzeichnen, und nun führte die Sächsische Maschinenfabrik nach diesem System eine große Anzahl von Lokomotiven mit Dampftrocknern aus.

Diese Lokomotivart kann als Vorläuferin der modernen Heißdampflokomotive angesehen werden, bei der Kesseldampf (Frischdampf) vor dem Eintritt in die Zylinder durch die Heizgase von hoher Temperatur bis auf 350° C erhitzt wird.

Von den verschiedenen Überhitzerarten, deren endgültiger Einführung infolge der eigenartigen Verhältnisse der Lokomotiv-Dampfmaschine sich große Schwierigkeiten entgegenstellten, haben sich nur wenige bewährt. Am gebräuchlichsten ist der Rauchröhren-Überhitzer von Wilhelm Schmidt geworden (Fig. 15 u. 16); außer diesem ist in neuerer Zeit auch der Pielock-Überhitzer (Fig. 17) in Aufnahme gekommen.

Fig. 10. Schmalspur-Lokomotive, Bauart Klose.

Fig. 11. Normal-Lokomotive, Bauart Malett-Rimrott.

Die erste Lokomotive, die von der Sächsischen Maschinenfabrik mit dem Schmidtschen Rauchkammer-Überhitzer ausgerüstet wurde, war eine 5.5-gekuppelte Güterzugs-Lokomotive (Fig. 18), die 1905 abgeliefert wurde. Dieser Maschine folgten dann über 160 normal- und schmalspurige Heißdampf-Lokomotiven mit Überhitzern nach Bauart Schmidt und Pielock.

Gleichzeitig mit der Leistung der Lokomotiven nahm auch ihr Gewicht ganz erheblich zu. So wog die erste Lokomotive leer 21725 kg (im Dienst 24000 kg), die tausendste Lokomotive wog schon 35000 kg (39200 kg), die dreitausendzweihundertundfünfzigste 64300 kg (72000 kg).

Überall, wo die Sächsische Maschinenfabrik ihre Lokomotiven auf Ausstellungen vorführte, wurde ihre Leistungsfähigkeit und die Güte der Arbeit durch hohe Auszeichnungen anerkannt.

1873 in Wien ein Ehrendiplom auf die Lokomotive „Tauern",

1883 in Amsterdam die goldene Medaille auf die Lokomotive Fabr.-Nr. 1223,

1900 in Paris den Grand Prix auf die Lokomotive Fabr.-Nr. 2600.

Ein anschauliches Bild über die Entwicklung des Lokomotivenbaues bei der Sächsischen Maschinenfabrik bietet die nachstehende Tabelle:

Fig. 12. Schmalspur-Lokomotive, Bauart Mallet-Rimrott.

Es wurden geliefert:

Die	1. Lokomotive im	Februar 1848,
„	100. „	„ April 1858,
„	200. „	„ Januar 1864,
„	300. „	„ Dezember 1866,
„	400. „	„ Oktober 1869,
„	500. „	„ Oktober 1871,
„	1000. „	„ Juni 1878,
„	2000. „	„ August 1894,

Fig. 13. Vierzylinder-Schnellzugs-Lokomotive 1900.

So erhielt sie

1862 in London die Ehrenmedaille auf die Lokomotive „London",

1867 in Paris die goldene Medaille auf die Lokomotive „Paris",

Die 3000. Lokomotive im Februar 1906, „ 3500. „ wird in nächster Zeit die Werkstätten der Sächsischen Maschinenfabrik verlassen.

Bemerkenswert ist auch die Verteilung der gelieferten Lokomotiven auf die einzelnen Staaten,

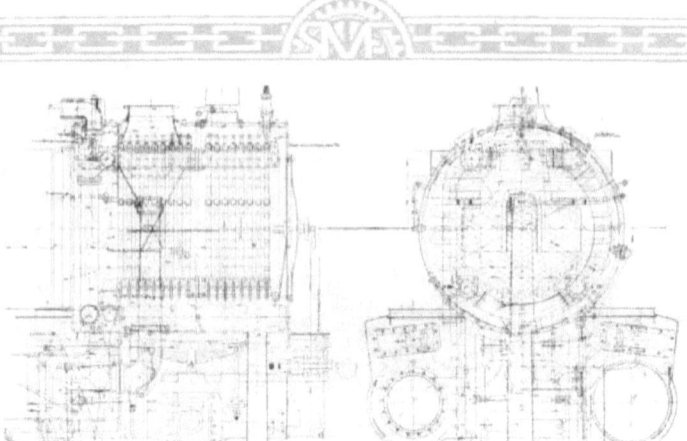

Fig. 14. Verbinder-Dampftrockner.

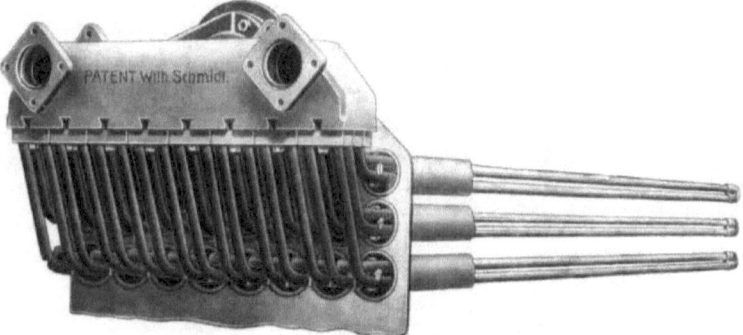

Fig. 15. Rauchröhren-Überhitzer, Pat. Wilh. Schmidt.

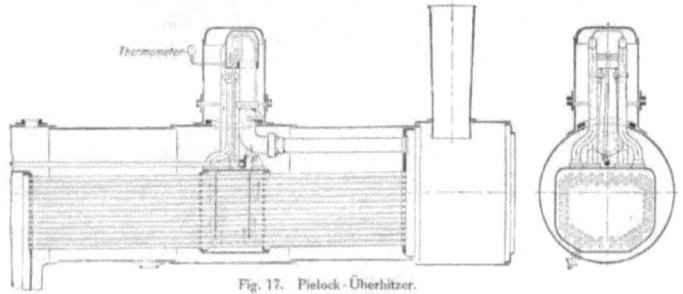

Fig. 17. Pielock-Überhitzer.

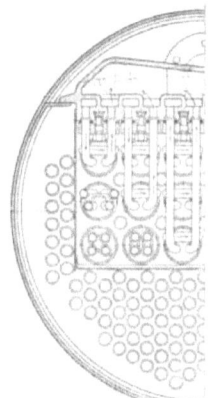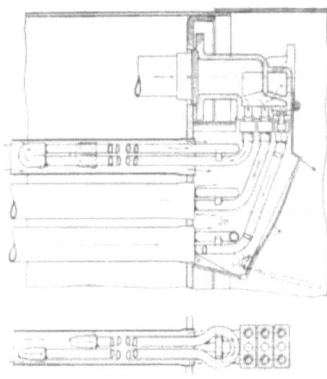

Fig. 16. Rauchröhren-Überhitzer. Pat. Wilh. Schmidt.

die die folgende Tabelle zeigt. Hier tritt ganz besonders die weite Verbreitung der von der Sächsischen Maschinenfabrik gelieferten Lokomotiven hervor, die auf die große Leistungsfähigkeit und ausgezeichnete Bauart zurückzuführen ist. Denn sie werden gerade in jenen Ländern bevorzugt, in denen besonders hohe Anforderungen an die Lokomotiven und ihre Teile gestellt werden infolge einer dünnen Bevölkerung und der daraus folgenden weiten Entfernungen zwischen geeigneten Reparaturwerkstätten.

Es wurden geliefert bezw. sind in Ausführung (bis Mitte 1909) für:

das Deutsche Reich	etwa 2200	Lokomotiven,
Spanien	„ 320	„
Niederländisch-Indien	etwa 300	Lokomotiven,
Rußland	„ 150	„
Österreich-Ungarn	„ 110	„
Dänemark	„ 100	„
Italien	„ 55	„
Frankreich	„ 50	„
Argentinien	„ 50	„
Japan	„ 40	„
Norwegen	„ 40	„
Rumänien	„ 30	„
Serbien	„ 25	„
Canada	„ 20	„
Portugal, Türkei, Venezuela, Schweiz, China, Bolivien und Brasilien zusammen	„ 100	„

Fig. 18. Güterzugs-Lokomotive mit Schmidtschem Überhitzer 1905.

Schmalspur-Lokomotiven
bis zu 1067 mm Spurweite

Tenderlokomotiven . . . . von Seite 24—51
Lokomotiven mit Tender . . .   „   „ 52—70

B (2/2 gek.)
Zweizylinder-Tenderlokomotive
gebaut für die
Compañia Carbones Asturianos, Bilbao, Spanien.

HAUPTABMESSUNGEN.

Spurweite 650 mm

Zylinderdurchmesser	160 mm	Inhalt der Kohlenkasten	200 kg
Kolbenhub	250 „	„ „ Wasserkasten	500 „
Raddurchmesser	600 „	Gewicht der Maschine leer	5300 „
Radstand	1100 „	Achsdruck der ersten Achse	3290 „
Dampfüberdruck	12 kg	„ „ zweiten „	3460 „
Heizfläche der Feuerbüchse	1,25 qm	Gewicht der Maschine im Dienst	6750 „
„ „ Siederohre innen	7,91 „	Zugkraft	765 „
Gesamte Heizfläche	9,16 „	Pferdestärke	ca. 20
Rostfläche	0,27 „		

B (2/2 gek.)
Tenderlokomotive
gebaut für die
Compañia Minera de Setares, Bilbao, Spanien.

HAUPTABMESSUNGEN.

Spurweite 750 mm

Zylinderdurchmesser	200 mm	Inhalt der Kohlenkasten	500 kg
Kolbenhub	300 „	„ „ Wasserkasten	1100 „
Raddurchmesser	700 „	Gewicht der Maschine leer	8350 „
Radstand	1700 „	Achsdruck der ersten Achse	5200 „
Dampfüberdruck	12 kg	„ „ zweiten „	5400 „
Heizfläche der Feuerbüchse	1,95 qm	Gewicht der Maschine im Dienst	10600 „
„ „ Siederohre	13,45 „	Zugkraft	1230 „
Gesamte Heizfläche	15,40 „	Pferdestärke ca.	50
Rostfläche	0,40 „		

C+C (2×3/3 gek.)
Feldbahn-Tenderlokomotiven
gebaut für die
Japanische Regierung.

HAUPTABMESSUNGEN.

Spurweite 600 mm

Zylinderdurchmesser	180 mm	Inhalt der Wasserkasten	2 – 875	kg
Kolbenhub	240 „	Gewicht der Maschine leer	12550	„
Raddurchmesser	586 „	Achsdruck der ersten Achse	2960	„
Radstand einer Maschine	1300 „	„ „ zweiten „	2480	„
Gesamt-Radstand	3850 „	„ „ dritten „	2745	„
Dampfüberdruck	15 kg	„ „ vierten „	2780	„
Heizfläche der Feuerbüchse	2 – 1,21 qm	„ „ fünften „	2735	„
„ „ Siederohre innen	2 – 13,08 „	„ „ sechsten „	2680	„
Gesamte Heizfläche	2 – 14,29 „	Gewicht der Maschine im Dienst	16380	„
Rostfläche	2 – 0,29 „	Zugkraft	2388	„
Inhalt der Kohlenkasten	2 – 225 kg	Pferdestärke ca.	70	

C (3/3 gek.)
Zweizylinder-Tenderlokomotive
gebaut für die
Urskog-Hölandsbanen, Norwegen.

HAUPTABMESSUNGEN.

Spurweite 750 mm

Zylinderdurchmesser	250 mm	Inhalt der Kohlenkasten	500 kg
Kolbenhub	380 „	„ „ Wasserkasten	1450 „
Raddurchmesser	750 „	Gewicht der Maschine leer	11400 „
Radstand	1800 „	Achsdruck der ersten Achse	4900 „
Dampfüberdruck	12 kg	„ „ zweiten „	5000 „
Heizfläche der Feuerbüchse	2,60 qm	„ „ dritten „	5000 „
„ „ Siederohre innen	24,12 „	Gewicht der Maschine im Dienst	14900 „
Gesamte Heizfläche	26,72 „	Zugkraft	2800 „
Rostfläche	0,55 „	Pferdestärke ca.	100

C (3/3 gek.)
Zweizylinder-Tenderlokomotive
gebaut für die
Sulitelma-Aktie-Bolags-Gruber, Sulitjelma, Norwegen.

HAUPTABMESSUNGEN.

Spurweite 750 mm

Zylinderdurchmesser	300 mm	Inhalt der Kohlenkasten	500 kg
Kolbenhub	400 „	„ „ Wasserkasten	1600 „
Raddurchmesser	800 „	Gewicht der Maschine leer	13875 „
Radstand	1800 „	Achsdruck der ersten Achse	5880 „
Dampfüberdruck	11 kg	„ „ zweiten „	5800 „
Heizfläche der Feuerbüchse	3,15 qm	„ „ dritten „	5840 „
„ „ Siederohre innen	29,65 „	Gewicht der Maschine im Dienst	17520 „
Gesamte Heizfläche	32,80 „	Zugkraft	2970 „
Rostfläche	0,66 „	Pferdestärke ca.	120

C (3/3 gek.)
Zweizylinder-Tenderlokomotive
gebaut für die
Société Française des Pyrites de Huelva, Spanien.

HAUPTABMESSUNGEN.

Spurweite 762 mm

Zylinderdurchmesser	285 mm
Kolbenhub	400 „
Raddurchmesser	800 „
Radstand	1800 „
Dampfüberdruck	12 kg
Heizfläche der Feuerbüchse	3,15 qm
„ „ Siederohre innen	31,45 „
Gesamte Heizfläche	34,60 „
Rostfläche	0,66 „
Inhalt der Kohlenkasten	560 kg
„ „ Wasserkasten	2000 „
Gewicht der Maschine leer	14120 „
Achsdruck der ersten Achse	5960 „
„ „ zweiten „	6020 „
„ „ dritten „	6300 „
Gewicht der Maschine im Dienst	18280 „
Zugkraft	2920 „
Pferdestärke	ca. 130

C (3/3 gek.)
Zweizylinder-Tenderlokomotive
gebaut für die
Lillesand-Flaksvand Eisenbahn-Gesellschaft in Norwegen.

HAUPTABMESSUNGEN.

Spurweite 1067 mm

Zylinderdurchmesser	250 mm	Inhalt der Kohlenkasten	500 kg
Kolbenhub	380 „	„ „ Wasserkasten	1650 „
Raddurchmesser	750 „	Gewicht der Maschine leer	11600 „
Radstand	1800 „	Achsdruck der ersten Achse	4900 „
Dampfüberdruck	12 kg	„ „ zweiten „	5000 „
Heizfläche der Feuerbüchse	2,70 qm	„ „ dritten „	5200 „
„ „ Siederohre innen	24,12 „	Gewicht der Maschine im Dienst	15100 „
Gesamte Heizfläche	26,82 „	Zugkraft	2280 „
Rostfläche	0,55 „	Pferdestärke ca.	100

C (3/3 gek.)
Zweizylinder-Tenderlokomotive
gebaut für die
Madoera Stoomtram-Maatschappy.

HAUPTABMESSUNGEN.

Spurweite 1067 mm

Zylinderdurchmesser	300 mm	Inhalt der Kohlenkasten	400 kg
Kolbenhub	350 „	„ „ Wasserkasten	1600 „
Raddurchmesser	760 „	Gewicht der Maschine leer	14580 „
Radstand	2000 „	Achsdruck der ersten Achse	6240 „
Dampfüberdruck	12 kg	„ „ zweiten „	6240 „
Heizfläche der Feuerbüchse	3,40 qm	„ „ dritten „	6040 „
„ „ Siederohre innen	36,00 „	Gewicht der Maschine im Dienst	18520 „
Gesamte Heizfläche	39,40 „	Zugkraft	2980 „
Rostfläche	0,70 „	Pferdestärke ca.	150

C (3/3 gek.)
Zweizylinder-Tenderlokomotive
gebaut für die
Semarang-Joana Stoomtram-Maatschappy, Java.

HAUPTABMESSUNGEN.

Spurweite 1067 mm

Zylinderdurchmesser	300 mm	Inhalt der Kohlenkasten	500 kg	
Kolbenhub	350 „	„ „ Wasserkasten	1750 „	
Raddurchmesser	850 „	Gewicht der Maschine leer	15660 „	
Radstand	2000 „	Achsdruck der ersten Achse	6420 „	
Dampfüberdruck	12 kg	„ „ zweiten „	6500 „	
Heizfläche der Feuerbüchse	4,06 qm	„ „ dritten „	6560 „	
„ „ Siederohre innen	28,90 „	Gewicht der Maschine im Dienst	19480 „	
Gesamte Heizfläche	32,96 „	Zugkraft	2670 „	
Rostfläche	0,85 „	Pferdestärke	ca. 130	

C (3/3 gek.)
Zweizylinder-Tenderlokomotive
gebaut für die
Kohlen-Eisenbahn Poelau-Laoet, Borneo.

HAUPTABMESSUNGEN.

Spurweite 1067 mm

Zylinderdurchmesser	320 mm	Inhalt der Kohlenkasten	700 kg
Kolbenhub	460 „	„ „ Wasserkasten	2500 „
Raddurchmesser	930 „	Gewicht der Maschine leer	17820 „
Radstand	3000 „	Achsdruck der ersten Achse	7960 „
Dampfüberdruck	12 kg	„ „ zweiten „	7880 „
Heizfläche der Feuerbüchse	5,00 qm	„ „ dritten „	7600 „
„ „ Siederohre innen	43,00 „	Gewicht der Maschine im Dienst	23440 „
Gesamte Heizfläche	48,00 „	Zugkraft	3646 „
Rostfläche	1,12 „	Pferdestärke ca.	220

C (3/3 gek.)
Zweizylinder-Tenderlokomotive
gebaut für die
Nederlandsch-Indische Spoorweg-Maatschappy, Java.

HAUPTABMESSUNGEN.

Spurweite 1067 mm

Zylinderdurchmesser	340 mm	Inhalt der Wasserkasten		2700 kg
Kolbenhub	400 „	Raum für Brennholz		1,5 cbm
Raddurchmesser	1050 „	Gewicht der Maschine leer		19580 kg
Radstand	3400 „	Achsdruck der ersten Achse		8300 „
Dampfüberdruck	12,65 kg	„ „ zweiten „		8520 „
Heizfläche der Feuerbüchse	4,70 qm	„ „ dritten „		8540 „
„ „ Siederohre innen	34,60 „	Gewicht der Maschine im Dienst		25360 „
Gesamte Heizfläche	39,60 „	Zugkraft		3300 „
Rostfläche	0,90 „	Pferdestärke	ca.	160 „

C (3/3 gek.)
Zweizylinder-Verbund-Tenderlokomotive
gebaut für die
Holländischen Staatseisenbahnen, Java.

HAUPTABMESSUNGEN.

Spurweite 1067 mm

Zylinderdurchmesser	330 510 mm	Inhalt der Kohlenkasten		850 kg
Kolbenhub	450 „	„ „ Wasserkasten		2500 „
Raddurchmesser	900 „	Gewicht der Maschine leer		20700 „
Radstand	3000 „	Achsdruck der ersten Achse		8760 „
Dampfüberdruck	12 kg	„ „ zweiten „		8980 „
Heizfläche der Feuerbüchse	4,34 qm	„ „ dritten „		8940 „
„ „ Siederohre innen	45,97 „	Gewicht der Maschine im Dienst		26680 „
Gesamte Heizfläche	50,31 „	Zugkraft		3270 „
Rostfläche	0,96 „	Pferdestärke	ca.	220

D (4/4 gek.)
Zweizylinder-Verbund-Tenderlokomotive
mit zwei Hohlachsen, Bauart Klien-Lindner
gebaut für die
Königlich Sächsischen Staatseisenbahnen.

HAUPTABMESSUNGEN.

Spurweite 750 mm

Zylinderdurchmesser	340/530 mm	Inhalt der Kohlenkasten	960 kg
Kolbenhub	430 „	„ „ Wasserkasten	2400 „
Raddurchmesser	855 „	Gewicht der Maschine leer	22080 „
Fester Radstand	1500 „	Achsdruck der ersten Achse	7150 „
Gesamt-Radstand	3900 „	„ „ „ zweiten „	6860 „
Dampfüberdruck	14 kg	„ „ „ dritten „	6900 „
Heizfläche der Feuerbüchse	4,22 qm	„ „ „ vierten „	6860 „
„ „ Siederohre innen	45,74 „	Gewicht der Maschine im Dienst	27770 „
Gesamte Heizfläche	49,96 „	Zugkraft	4070 „
Rostfläche	0,96 „	Pferdestärke ca.	250

Diese Lokomotive durchfährt anstandslos Kurven von 40 m Radius.

D (4/4 gek.)
Zweizylinder-Tenderlokomotive
mit zwei Hohlachsen, Bauart Klien-Lindner

gebaut für die

Oberschlesischen Schmalspur-Eisenbahnen.

HAUPTABMESSUNGEN.

Spurweite 785 mm

Zylinderdurchmesser	340 mm	Inhalt der Kohlenkasten		1300 kg
Kolbenhub	400 „	„ „ Wasserkasten		2550 „
Raddurchmesser	810 „	Gewicht der Maschine leer		21240 „
Fester Radstand	1400 „	Achsdruck der ersten Achse		6670 „
Gesamt-Radstand	4050 „	„ „ zweiten „		6700 „
Dampfüberdruck	12,5 kg	„ „ dritten „		6820 „
Heizfläche der Feuerbüchse	4,67 qm	„ „ vierten „		7150 „
„ „ Siederohre innen	49,38 „	Gewicht der Maschine im Dienst		27340 „
Gesamte Heizfläche	54,05 „	Zugkraft		4290 „
Rostfläche	1,09 „	Pferdestärke	ca.	250

Diese Lokomotive durchfährt anstandslos Kurven von 40 m Radius.

B1 (2/3 gek.)
Zweizylinder-Verbund-Tenderlokomotive
mit Naphthafeuerung, System Holden
gebaut für die
Nederlandsch-Indische Spoorweg-Maatschappy, Java.

HAUPTABMESSUNGEN.

Spurweite 1067 mm

Zylinderdurchmesser	280/415 mm	Inhalt der Kohlenkasten	700	kg
Kolbenhub	400 ,,	Naphthavorrat	520	,,
Triebraddurchmesser	1050 ,,	Inhalt der Wasserkasten	2750	,,
Laufraddurchmesser	760 ,,	Gewicht der Maschine leer	19480	,,
Fester Radstand	1700 ,,	Achsdruck der ersten Achse	8480	,,
Gesamt-Radstand	3600 ,,	,, ,, zweiten ,,	8480	,,
Dampfüberdruck	12,65 kg	,, ,, dritten ,,	8300	,,
Heizfläche der Feuerbüchse	4,70 qm	Gewicht der Maschine im Dienst	25260	,,
,, ,, Siederohre innen	34,60 ,,	Adhäsionsgewicht	16960	,,
Gesamte Heizfläche	39,30 ,,	Zugkraft	1890	,,
Rostfläche	0,90 ,,	Pferdestärke ca.	120	

1 C (3/4 gek.)
Zweizylinder-Verbund-Tenderlokomotive
gebaut für die
Holmestrand-Vittingfos-Banen, Norwegen.

HAUPTABMESSUNGEN.

Spurweite 1067 mm

Zylinderdurchmesser	320/480 mm	Inhalt der Kohlenkasten		650 kg
Kolbenhub	400 "	" " Wasserkasten		2500 "
Triebraddurchmesser	850 "	Gewicht der Maschine leer		17940 "
Laufraddurchmesser	650 "	Achsdruck der ersten Achse		3740 "
Fester Radstand	2500 "	" " zweiten "		6300 "
Gesamt-Radstand	4150 "	" " dritten "		6380 "
Dampfüberdruck	12 kg	" " vierten "		6380 "
Heizfläche der Feuerbüchse	3,54 qm	Gewicht der Maschine im Dienst		22800 "
" " Siederohre innen	31,80 "	Adhäsionsgewicht		19060 "
Gesamte Heizfläche	35,34 "	Zugkraft		3250 "
Rostfläche	0,67 "	Pferdestärke	ca.	150

C 1 (3/4 gek.)
Zweizylinder-Tenderlokomotive
mit Naphthafeuerung, System Holden
gebaut für die
Nederlandsch-Indische Spoorweg-Maatschappy, Java.

HAUPTABMESSUNGEN.

Spurweite 1067 mm

Zylinderdurchmesser	340 mm	
Kolbenhub	400 „	
Triebraddurchmesser	1050 „	
Laufraddurchmesser	760 „	
Fester Radstand	2950 „	
Gesamt-Radstand	5480 „	
Dampfüberdruck	12,65 kg	
Heizfläche der Feuerbüchse	7,10 qm	
„ „ Siederohre innen	58,90 „	
Gesamte Heizfläche	66,00 „	
Rostfläche	1,28 „	
Inhalt der Kohlenkasten	700 kg	
Inhalt des Naphthakastens	520 kg	
Inhalt der Wasserkasten	3200 „	
Gewicht der Maschine leer	25880 „	
Achsdruck der ersten Achse	8370 „	
„ „ zweiten „	8400 „	
„ „ dritten „	8310 „	
„ „ vierten „	8340 „	
Gewicht der Maschine im Dienst	33420 „	
Adhäsionsgewicht	25080 „	
Zugkraft	3300 „	
Pferdestärke	ca. 300	

1 C (3/4 gek.)
Zweizylinder-Verbund-Tenderlokomotive
gebaut für die
Holländischen Staatseisenbahnen, Java.

HAUPTABMESSUNGEN.

Spurweite 1067 mm

Zylinderdurchmesser	380/580 mm	Inhalt der Kohlenkasten	1200 kg
Kolbenhub	509 „	„ „ Wasserkasten	3900 „
Triebraddurchmesser	1102 „	Gewicht der Maschine leer	25200 „
Laufraddurchmesser	774 „	Achsdruck der ersten Achse	6600 „
Fester Radstand	3000 „	„ „ zweiten „	8600 „
Gesamt-Radstand	5370 „	„ „ dritten „	8760 „
Dampfüberdruck	12 kg	„ „ vierten „	8640 „
Heizfläche der Feuerbüchse	5,10 qm	Gewicht der Maschine im Dienst	32600 „
„ „ Siederohre innen	55,66 „	Adhäsionsgewicht	26000 „
Gesamte Heizfläche	60,76 „	Zugkraft	4000 „
Rostfläche	1,11 „	Pferdestärke ca.	280

1 C 1 (3/5 gek.)
Zweizylinder-Tenderlokomotive
gebaut für die
Urskog-Hölands-Banen, Norwegen.

HAUPTABMESSUNGEN.

Spurweite 750 mm

Zylinderdurchmesser	275 mm	Inhalt der Wasserkasten	2100 kg
Kolbenhub	400 „	Gewicht der Maschine leer	15330 „
Triebraddurchmesser	814 „	Achsdruck der ersten Achse	2500 „
Laufraddurchmesser	573 „	„ „ zweiten „	4840 „
Fester Radstand	1830 „	„ „ dritten „	4840 „
Gesamt-Radstand	5430 „	„ „ vierten „	4970 „
Dampfüberdruck	12 kg	„ „ fünften „	2510 „
Heizfläche der Feuerbüchse	2,71 qm	Gewicht der Maschine im Dienst	19660 „
„ „ Siederohre innen	33,62 „	Adhäsionsgewicht	14650 „
Gesamte Heizfläche	36,33 „	Zugkraft	2675 „
Rostfläche	0,67 „	Pferdestärke ca.	130
Inhalt der Kohlenkasten	500 kg		

1 C 1 (3/5 gek.)
Zweizylinder-Tenderlokomotive
gebaut für die
Compagnie Générale des Chemins de Fer dans la Province de Buenos Aires.

HAUPTABMESSUNGEN.

Spurweite 1000 mm

Zylinderdurchmesser	380 mm	Inhalt der Wasserkasten	4500 kg
Kolbenhub	560 „	Gewicht der Maschine leer	32320 „
Triebraddurchmesser	1200 „	Achsdruck der ersten Achse	5100 „
Laufraddurchmesser	750 „	„ „ zweiten „	9980 „
Fester Radstand	2900 „	„ „ dritten „	9900 „
Gesamt-Radstand	6850 „	„ „ vierten „	9920 „
Dampfüberdruck	12 kg	„ „ fünften „	6180 „
Heizfläche der Feuerbüchse	8,60 qm	Gewicht der Maschine im Dienst	41080 „
„ „ Siederohre innen	67,96 „	Adhäsionsgewicht	29800 „
Gesamte Heizfläche	76,02 „	Zugkraft	4850 „
Rostfläche	1,20 „	Pferdestärke ca.	350
Inhalt der Kohlenkasten	1000 kg		

1C1 (3/5 gek.)
Zweizylinder-Tenderlokomotive
gebaut für die
San Julian de Mùsques-Castro Urdiales-Transtaviña Bahn, Spanien.

HAUPTABMESSUNGEN.

Spurweite 1000 mm

Zylinderdurchmesser	410 mm	Inhalt der Wasserkasten	3800 kg
Kolbenhub	520 „	Gewicht der Maschine leer	33020 „
Triebraddurchmesser	1000 „	Achsdruck der ersten Achse	4780 „
Laufraddurchmesser	700 „	„ „ zweiten „	10360 „
Fester Radstand	2200 „	„ „ dritten „	10320 „
Gesamt-Radstand	6000 „	„ „ vierten „	10540 „
Dampfüberdruck	10 kg	„ „ fünften „	5140 „
Heizfläche der Feuerbüchse	7,27 qm	Gewicht der Maschine im Dienst	41140 „
„ Siederohre innen	73,58 „	Adhäsionsgewicht	31220 „
Gesamte Heizfläche	80,85 „	Zugkraft	5245 „
Rostfläche	1,25 „	Pferdestärke ca.	360
Inhalt der Kohlenkasten	1000 kg		

1 C 1 (3/5 gek.)
Zweizylinder-Tenderlokomotive
gebaut für die
Große Venezuela-Eisenbahn.

HAUPTABMESSUNGEN.

Spurweite 1067 mm

Zylinderdurchmesser	410 mm	Inhalt der Wasserkasten		3500 kg
Kolbenhub	520 „	Kohlenvorrat		1000 „
Triebraddurchmesser	1000 „	Gewicht der Maschine leer		32500 „
Laufraddurchmesser	700 „	Achsdruck der ersten Achse		5100 „
Fester Radstand	2200 „	„ „ zweiten „		10000 „
Gesamt-Radstand	5900 „	„ „ dritten „		10000 „
Dampfüberdruck	10 kg	„ „ vierten „		10200 „
Rostfläche	1,25 qm	„ „ fünften „		5200 „
Heizfläche der Feuerbüchse	7,27 „	Gewicht der Maschine im Dienst		40500 „
„ „ Siederohre innen	73,58 „	Adhäsionsgewicht		30200 „
Gesamte Heizfläche	80,85 „	Zugkraft		5240 „

C 2 (3/5 gek.)
Zweizylinder-Tenderlokomotive
gebaut für die
Deli Spoorweg-Maatschappy, Sumatra.

HAUPTABMESSUNGEN.

Spurweite 1067 mm

Zylinderdurchmesser	360 mm	Holzvorrat	3,7	cbm
Kolbenhub	500 ,,	Gewicht der Maschine leer	29600	kg
Triebraddurchmesser	1200 ,,	Achsdruck der ersten Achse	8280	,,
Laufraddurchmesser	760 ,,	,, ,, zweiten ,,	8300	,,
Fester Radstand	3400 ,,	,, ,, dritten ,,	8360	,,
Gesamt-Radstand	6820 ,,	,, ,, vierten ,,	7220	,,
Dampfüberdruck	12 kg	,, ,, fünften ,,	7160	,,
Heizfläche der Feuerbüchse	6,22 qm	Gewicht der Maschine im Dienst	39320	,,
,, ,, Siederohre innen	74,78 ,,	Adhäsionsgewicht	24940	,,
Gesamte Heizfläche	81,00 ,,	Zugkraft	3890	,,
Rostfläche	1,22 ,,	Pferdestärke ca.	400	
Inhalt der Wasserkasten	4000 kg			

B+B (2×2/2 gek.)
Verbund-Tenderlokomotive, Bauart Meyer,
gebaut für die
Königlich Sächsischen Staatseisenbahnen.

HAUPTABMESSUNGEN.

Spurweite 750 mm

Zylinderdurchmesser	240/370 mm	Inhalt der Kohlenkasten			960 kg
Kolbenhub	380 ,,	,, ,, Wasserkasten			2400 ,,
Raddurchmesser	760 ,,	Gewicht der Maschine leer			22400 ,,
Radstand der Motorgestelle	1400 ,,	Achsdruck der ersten Achse			6960 ,,
Gesamt-Radstand	6200 ,,	,, ,, zweiten ,,			6980 ,,
Dampfüberdruck	14 kg	,, ,, dritten ,,			6990 ,,
Heizfläche der Feuerbüchse	4,13 qm	,, ,, vierten ,,			6980 ,,
,, ,, Siederohre innen	45,74 ,,	Gewicht der Maschine im Dienst			27910 ,,
Gesamte Heizfläche	49,87 ,,	Zugkraft			4000 ,,
Rostfläche	0,96 ,,	Pferdestärke		ca.	250

Diese Lokomotive durchfährt anstandslos Kurven von 40 m Radius.

B+B (2×2/2 gek.)
Verbund-Tenderlokomotive, Bauart Fairlie,
gebaut für die
Königlich Sächsischen Staatseisenbahnen.

HAUPTABMESSUNGEN.

Spurweite 1000 mm

Zylinderdurchmesser	280 430 mm	Inhalt der Kohlenkasten ...... 1200 kg
Kolbenhub	380 „	„ „ Wasserkasten ...... 3200 „
Raddurchmesser	760 „	Gewicht der Maschine leer .... 33220 „
Radstand eines Motorgestelles	1100 „	Achsdruck der ersten Achse ... 10180 „
Gesamt-Radstand	7600 „	„ „ zweiten „ ... 10200 „
Dampfüberdruck	14 kg	„ „ dritten „ ... 10160 „
Heizfläche der Feuerbüchse	7,77 qm	„ „ vierten „ ... 10200 „
„ „ Siederohre innen	71,28 „	Gewicht der Maschine im Dienst . 40740 „
Gesamte Heizfläche	79,05 „	Zugkraft .... 6470 „
Rostfläche	ca. 1,89 „	Pferdestärke .... ca. 360

Diese Lokomotive durchfährt anstandslos Kurven von 40 m Radius.

B+B1 (2/2+2/3 gek.)
Verbund-Tenderlokomotive, Bauart Mallet,
gebaut für die
Chemins de Fer Damas-Hama et Prolongements, Syrien.

HAUPTABMESSUNGEN.

Spurweite 1050 mm

Zylinderdurchmesser	340 520 mm	Inhalt der Wasserkasten		5500 kg
Kolbenhub	510 „	Gewicht der Maschine leer		41580 „
Triebraddurchmesser	1070 „	Achsdruck der ersten Achse		11580 „
Laufraddurchmesser	760 „	„ „ zweiten „		11560 „
Fester Radstand der Motorgestelle	1350 „	„ „ dritten „		11400 „
Gesamt-Radstand	6250 „	„ „ vierten „		11600 „
Dampfüberdruck	12 kg	„ „ fünften „		7940 „
Heizfläche der Feuerbüchse	7,30 qm	Gewicht der Maschine im Dienst		54080 „
„ „ Siederohre innen	103,82 „	Adhäsionsgewicht		46140 „
Gesamte Heizfläche	111,12 „	Zugkraft		6600 „
Rostfläche	1,75 „	Pferdestärke	ca.	600 „
Inhalt der Kohlenkasten	2500 kg			

B+B1 (2/2+2/3 gek.)
Verbund-Tenderlokomotive, Bauart Mallet,
gebaut für die
Holländischen Staatseisenbahnen, Java.

HAUPTABMESSUNGEN.

Spurweite 1067 mm

Zylinderdurchmesser	300/460 mm	Inhalt der Kohlenkasten	1350 kg
Kolbenhub	510 „	„ „ Wasserkasten	4000 „
Triebraddurchmesser	1102 „	Gewicht der Maschine leer	33250 „
Laufraddurchmesser	774 „	Achsdruck der ersten Achse	8900 „
Radstand des Motorgestelles	1400 „	„ „ zweiten „	8940 „
Fester Radstand	2600 „	„ „ dritten „	8720 „
Gesamt-Radstand	6000 „	„ „ vierten „	8740 „
Dampfüberdruck	12 kg	„ „ fünften „	7480 „
Heizfläche der Feuerbüchse	7,74 qm	Gewicht der Maschine im Dienst	42780 „
„ „ Siederohre innen	93,70 „	Adhäsionsgewicht	35300 „
Gesamte Heizfläche	101,44 „	Zugkraft	5000 „
Rostfläche	1,45 „	Pferdestärke	ca. 550

1 C+C (3/4+3/3 gek.)
Verbund-Tenderlokomotive, Bauart Mallet,
gebaut für die
Holländischen Staatseisenbahnen, Java.

HAUPTABMESSUNGEN.

Spurweite 1067 mm

Zylinderdurchmesser	340/520	mm	Gewicht der Maschine leer	45580 kg
Kolbenhub	510	„	Achsdruck der ersten Achse	7120 „
Triebraddurchmesser	1112	„	„ „ zweiten „	8520 „
Laufraddurchmesser	776	„	„ „ dritten „	8540 „
Fester Radstand der Motorgestelle	2600	„	„ „ vierten „	8540 „
Gesamt-Radstand	9400	„	„ „ fünften „	8680 „
Dampfüberdruck	12	kg	„ „ sechsten „	8700 „
Heizfläche der Feuerbüchse	9,44	qm	„ „ siebenten „	8660 „
„ „ Siederohre innen	125,81	„	Gewicht der Maschine im Dienst	58760 „
Gesamte Heizfläche	135,25	„	Adhäsionsgewicht	51640 „
Rostfläche	2,04	„	Zugkraft	6430 „
Inhalt der Kohlenkasten	2000	kg	Pferdestärke ca.	680
„ „ Wasserkasten	6000	„		

Tender
der
B (2/2 gek.) Zweizylinder-Personenzug-Lokomotive mit Überhitzer,
Bauart Schmidt,
gebaut für die
Semarang-Cheribon Stoomstram-Maatschappy, Java.

HAUPTABMESSUNGEN.

Spurweite 1067 mm

Raddurchmesser	773 mm	Gewicht des Tenders leer	7200 kg
Radstand	2000 „	Achsdruck der ersten Achse	7000 „
Inhalt des Wasserkastens	5000 kg	„ „ zweiten „	7000 „
Holzvorrat	4,5 cbm	Gewicht des Tenders im Dienst	14000 „

B (2/2 gek.)
Zweizylinder-Personenzug-Lokomotive
mit Überhitzer, Bauart Schmidt,

gebaut für die

Semarang-Cheribon Stoomtram-Maatschappy, Java.

HAUPTABMESSUNGEN.

Spurweite 1067 mm

Zylinderdurchmesser	300 mm	Gesamte Heizfläche	45,30 qm
Kolbenhub	460 ,,	Rostfläche	0,80 ,,
Raddurchmesser	1050 ,,	Gewicht der Maschine leer	14400 kg
Radstand	2500 ,,	Achsdruck der ersten Achse	8100 ,,
Dampfüberdruck	12 kg	,, ,, zweiten ,,	8100 ,,
Heizfläche der Feuerbüchse	3,40 qm	Gewicht der Maschine im Dienst	16200 ,,
,, ,, Siederohre innen	31,90 ,,	Zugkraft	2840 ,,
Verdampfungs-Heizfläche	35,30 ,,	Pferdestärke ca.	220
Überhitzer-Heizfläche	10,00 ,,		

Tender
der
2 B (2/4 gek.) Zweizylinder-Verbund-Personenzug-Lokomotive
gebaut für die
Norwegischen Staatseisenbahnen.

HAUPTABMESSUNGEN.

Spurweite 1067 mm

Raddurchmesser	770 mm	Gewicht des Tenders leer	5815 kg
Radstand	1829 „	Achsdruck der ersten Achse	5015 „
Inhalt des Wasserkastens	3000 kg	„ „ zweiten „	5015 „
Kohlenvorrat	1000 „	Gewicht des Tenders im Dienst	10030 „

2 B (2/4 gek.)
Zweizylinder-Verbund-Personenzug-Lokomotive
gebaut für die
Norwegischen Staatseisenbahnen.

HAUPTABMESSUNGEN.

Spurweite 1067 mm

Zylinderdurchmesser	320/480 mm	Rostfläche	0,74 qm
Kolbenhub	457 ,,	Gewicht der Maschine leer	20800 kg
Triebraddurchmesser	1416 ,,	Achsdruck der ersten Achse	4040 ,,
Laufraddurchmesser	613 ,,	,, ,, zweiten ,,	4280 ,,
Fester Radstand	1905 ,,	,, ,, dritten ,,	7240 ,,
Gesamt-Radstand	5308 ,,	,, ,, vierten ,,	7040 ,,
Dampfüberdruck	12 kg	Gewicht der Maschine im Dienst	22600 ,,
Heizfläche der Feuerbüchse	4,51 qm	Adhäsionsgewicht	14280 ,,
,, ,, Siederohre innen	38,07 ,,	Zugkraft	1980 ,,
Gesamte Heizfläche	42,58 ,,	Pferdestärke	ca. 220

Tender
der
2 B (2/4 gek.) Zweizylinder-Verbund-Schnellzug-Lokomotive
gebaut für die
Holländischen Staatseisenbahnen, Java.

HAUPTABMESSUNGEN.

Spurweite 1067 mm

Raddurchmesser	774 mm	Achsdruck der ersten Achse	7040 kg
Radstand	3000 „	„ „ zweiten „	7040 „
Inhalt des Wasserkastens	9000 kg	„ „ dritten „	7040 „
Kohlenvorrat	1200 „	Gewicht des Tenders im Dienst	21120 „
Gewicht des Tenders leer	10460 „		

2 B (2/4 gek.)
Zweizylinder-Verbund-Schnellzug-Lokomotive
gebaut für die
Holländischen Staatseisenbahnen, Java.

HAUPTABMESSUNGEN.

Spurweite 1067 mm

Zylinderdurchmesser	380/580 mm	Rostfläche	1,30 qm
Kolbenhub	510 „	Gewicht der Maschine leer	28900 kg
Triebraddurchmesser	1500 „	Achsdruck der ersten Achse	6820 „
Laufraddurchmesser	774 „	„ „ zweiten „	6800 „
Fester Radstand	2400 „	„ „ dritten „	9120 „
Gesamt-Radstand	6180 „	„ „ vierten „	9130 „
Dampfüberdruck	12 kg	Gewicht der Maschine im Dienst	31870 „
Heizfläche der Feuerbüchse	6,78 qm	Adhäsionsgewicht	18250 „
„ „ Siederohre innen	78,92 „	Zugkraft	2940 „
Gesamte Heizfläche	85,70 „	Pferdestärke	ca. 450

Tender
der
1 C (3/4 gek.) Zweizylinder-Güterzug-Lokomotive
gebaut für die
Norwegischen Staatseisenbahnen.

HAUPTABMESSUNGEN.

Spurweite 1067 mm

Raddurchmesser	800 mm	Achsdruck der ersten Achse	4580 kg
Radstand	2597 „	„ „ zweiten „	4400 „
Inhalt des Wasserkastens	4500 kg	„ „ dritten „	4580 „
Kohlenvorrat	2200 „	Gewicht des Tenders im Dienst	13560 „
Gewicht des Tenders leer	6915 „		

1 C (3/4 gek.)
Zweizylinder-Güterzug-Lokomotive
gebaut für die
Norwegischen Staatseisenbahnen.

HAUPTABMESSUNGEN.

Spurweite 1067 mm

Zylinderdurchmesser . . . . 353 mm	Rostfläche . . . . 0,94 qm
Kolbenhub . . . . 460 „	Gewicht der Maschine leer . . . . 20940 kg
Triebraddurchmesser . . . . 1050 „	Achsdruck der ersten Achse . . . 4100 „
Laufraddurchmesser . . . . 700 „	„ „ zweiten „ . . . 6140 „
Fester Radstand . . . . 3398 „	„ „ dritten „ . . . 6260 „
Gesamt-Radstand . . . . 5176 „	„ „ vierten „ . . . 6340 „
Dampfüberdruck . . . . 10 kg	Gewicht der Maschine im Dienst . 22840 „
Heizfläche der Feuerbüchse . . . . 4,70 qm	Adhäsionsgewicht . . . . 18740 „
„ „ Siederohre innen . 46,50 „	Zugkraft . . . . 3280 „
Gesamte Heizfläche . . . . 51,20 „	Pferdestärke . . . . ca. 250

Tender
der
1 C (3/4) Zweizylinder-Personen- und Güterzug-Lokomotive
gebaut für die
Chemin de Fer de Victoria-Minas, Brasilien.

HAUPTABMESSUNGEN.

Spurweite 1000 mm

Raddurchmesser	660 mm	Achsdruck der ersten Achse	5660 kg
Radstand der Drehgestelle	1400 „	„ „ zweiten „	5620 „
Gesamt-Radstand	3800 „	„ „ dritten „	5540 „
Inhalt des Wasserkastens	6250 kg	„ „ vierten „	5660 „
Holzvorrat	8,3 cbm	Gewicht des Tenders im Dienst	22480 „
Gewicht des Tenders leer	9110 kg		

1 C (3/4 gek.)
Zweizylinder-Personen- u. Güterzug-Lokomotive
gebaut für die
Chemin de Fer de Victoria-Minas, Brasilien.

HAUPTABMESSUNGEN.

Spurweite 1000 mm

Zylinderdurchmesser	356 mm	Rostfläche	1,12 qm
Kolbenhub	457 „	Gewicht der Maschine leer	23250 kg
Triebraddurchmesser	1067 „	Achsdruck der ersten Achse	4045 „
Laufraddurchmesser	660 „	„ „ zweiten „	7280 „
Fester Radstand	3450 „	„ „ dritten „	7280 „
Gesamt-Radstand	5380 „	„ „ vierten „	7260 „
Dampfüberdruck	12 kg	Gewicht der Maschine im Dienst	25865 „
Heizfläche der Feuerbüchse	6,30 qm	Adhäsionsgewicht	21820 „
„ „ Siederohre innen	63,20 „	Zugkraft	3910 „
Gesamte Heizfläche	69,50 „	Pferdestärke ca.	320

Tender
der
1 C (3/4 gek.) und 1 D (4/5 gek.) Zweizylinder- Personen- und Güterzug-Lokomotive
gebaut für die
Chemin de Fer Hamidié du Hedjaz, Syrien.

HAUPTABMESSUNGEN.

Spurweite 1050 mm

Raddurchmesser	720 mm	Achsdruck der ersten Achse	7640 kg
Radstand der Drehgestelle	1600 „	„ „ zweiten „	7820 „
Gesamt-Radstand	4500 „	„ „ dritten „	8300 „
Inhalt des Wasserkastens	15000 kg	„ „ vierten „	8420 „
Kohlenvorrat	4000 „	Gewicht des Tenders im Dienst	32180 „
Gewicht des Tenders leer	13060 „		

Dieser Tender paßt auch zur Lokomotive auf Seite 70.

1 C (3/4 gek.)
Zweizylinder-Personenzug-Lokomotive
gebaut für die
Chemin de Fer Hamidié du Hedjaz, Syrien.

HAUPTABMESSUNGEN.

Spurweite 1050 mm

Zylinderdurchmesser . . . . 330 mm	Rostfläche . . . . 1,20 qm
Kolbenhub . . . . 510 „	Gewicht der Maschine leer . . . . 26 280 kg
Triebraddurchmesser . . . . 1130 „	Achsdruck der ersten Achse . . . 4 300 „
Laufraddurchmesser . . . . 720 „	„ „ zweiten „ . . . 8 340 „
Fester Radstand . . . . 3150 „	„ „ dritten „ . . . 8 360 „
Gesamt-Radstand . . . . 5100 „	„ „ vierten „ . . . 8 260 „
Dampfüberdruck . . . . 12 kg	Gewicht der Maschine im Dienst . 29 260 „
Heizfläche der Feuerbüchse . . . . 8,07 qm	Adhäsionsgewicht . . . . 24 960 „
„ „ Siederohre innen . 67,96 „	Zugkraft . . . . 3 530 „
Gesamte Heizfläche . . . . 76,03 „	Pferdestärke . . . . ca. 450

Tender
der
1 C (3/4 gek.) Zweizylinder-Personen- und Güterzug-Lokomotive
gebaut für die
Colombian National Railway Company
der Railway Concessions and Contract Company Ltd., London.

HAUPTABMESSUNGEN.

Spurweite 1000 mm

Raddurchmesser	720 mm	Achsdruck der ersten Achse	6680 kg
Radstand der Drehgestelle	1600 „	„ „ zweiten „	6640 „
Gesamt-Radstand	4500 „	„ „ dritten „	6260 „
Inhalt des Wasserkastens	10000 kg	„ „ vierten „	6160 „
Kohlenvorrat	3500 „	Gewicht des Tenders im Dienst	25740 „
Gewicht des Tenders leer	11815 „		

1 C (3/4 gek.)
Zweizylinder-Personen- u. Güterzug-Lokomotive
gebaut für die
Colombian National Railway Company
der Railway Concessions and Contract Company Ltd., London.

HAUPTABMESSUNGEN.

Spurweite 1000 mm

Zylinderdurchmesser	406 mm	Rostfläche	1,44 qm	
Kolbenhub	510 „	Gewicht der Maschine leer	30840 kg	
Triebraddurchmesser	1130 „	Achsdruck der ersten Achse	4860 „	
Laufraddurchmesser	720 „	„ „ zweiten „	9560 „	
Fester Radstand	3150 „	„ „ dritten „	10040 „	
Gesamt-Radstand	5100 „	„ „ vierten „	9840 „	
Dampfüberdruck	12 kg	Gewicht der Maschine im Dienst	34300 „	
Heizfläche der Feuerbüchse	9,47 qm	Adhäsionsgewicht	29440 „	
„ „ Siederohre innen	82,70 „	Zugkraft	5350 „	
Gesamte Heizfläche	92,17 „	Pferdestärke	ca. 500	

Tender
der
D (4/4 gek.) Zweizylinder-Verbund-Güterzug-Lokomotive
gebaut für die
Rjäsan-Uralsk Eisenbahn-Gesellschaft, Rußland.

HAUPTABMESSUNGEN.

Spurweite 1000 mm

Raddurchmesser	850 mm	Achsdruck der ersten Achse	5400 kg
Radstand	2800 „	„ „ zweiten „	5680 „
Inhalt des Wasserkastens	6800 kg	„ „ dritten „	5470 „
„ „ Naphthakastens	1,6 cbm	Gewicht des Tenders im Dienst	16550 „
Gewicht des Tenders leer	7880 kg		

D (4/4 gek.)
Zweizylinder-Verbund-Güterzug-Lokomotive
gebaut für die
Rjäsan-Uralsk Eisenbahn-Gesellschaft, Rußland.

HAUPTABMESSUNGEN.

Spurweite 1000 mm

Zylinderdurchmesser	330/490 mm	Gewicht der Maschine leer	19920 kg
Kolbenhub	400 „	Achsdruck der ersten Achse	5160 „
Raddurchmesser	850 „	„ „ zweiten „	5230 „
Radstand	3500 „	„ „ dritten „	6100 „
Dampfüberdruck	11 kg	„ „ vierten „	5960 „
Heizfläche der Feuerbüchse	5,16 qm	Gewicht der Maschine im Dienst	22450 „
„ „ Siederohre innen	46,18 „	Zugkraft	2810 „
Gesamte Heizfläche	51,34 „	Pferdestärke ca.	250
Rostfläche	0,91 „		

2 B (2/4 gek.)
Zweizylinder-Personenzug-Lokomotive
gebaut für die
Compagnie Générale des Chemins de Fer dans la Province de Buenos Aires.

HAUPTABMESSUNGEN.

Spurweite 1000 mm

Zylinderdurchmesser	380 mm	Rostfläche	1,20 qm
Kolbenhub	560 „	Gewicht der Maschine leer	28820 kg
Triebraddurchmesser	1500 „	Achsdruck der ersten Achse	5660 „
Laufraddurchmesser	750 „	„ „ zweiten „	5880 „
Fester Radstand	2200 „	„ „ dritten „	10060 „
Gesamt-Radstand	5900 „	„ „ vierten „	10100 „
Dampfüberdruck	12 kg	Gewicht der Maschine im Dienst	31700 „
Heizfläche der Feuerbüchse	8,06 qm	Adhäsionsgewicht	20160 „
„ „ Siederohre innen	74,67 „	Zugkraft	3880 „
Gesamte Heizfläche	82,73 „	Pferdestärke	ca. 450

2 C (3/5 gek.)
Zweizylinder-Güterzug-Lokomotive
gebaut für die
Compagnie Générale des Chemins de Fer dans la Province de Buenos Aires.

HAUPTABMESSUNGEN.

Spurweite 1000 mm

Zylinderdurchmesser	420 mm
Kolbenhub	560 „
Triebraddurchmesser	1300 „
Laufraddurchmesser	750 „
Fester Radstand	3400 „
Gesamt-Radstand	6500 „
Dampfüberdruck	12 kg
Heizfläche der Feuerbüchse	9,87 qm
„ „ Siederohre innen	90,43 „
Gesamte Heizfläche	100,30 „
Rostfläche	1,34 „
Gewicht der Maschine leer	37400 kg
Achsdruck der ersten Achse	5260 „
„ „ zweiten „	5340 „
„ „ dritten „	10320 „
„ „ vierten „	10240 „
„ „ fünften „	10280 „
Gewicht der Maschine im Dienst	41440 „
Adhäsionsgewicht	30840 „
Zugkraft	5470 „
Pferdestärke	ca. 500

1 D (4/5 gek.)
Zweizylinder-Güterzug-Lokomotive
gebaut für die
Chemin de Fer Hamidié du Hedjaz, Syrien.

Spurweite 1050 mm

Zylinderdurchmesser	410 mm	Gewicht der Maschine leer	39360 kg
Kolbenhub	500 „	Achsdruck der ersten Achse	4510 „
Triebraddurchmesser	1040 „	„ „ zweiten „	9780 „
Laufraddurchmesser	720 „	„ „ dritten „	9800 „
Fester Radstand	3600 „	„ „ vierten „	9940 „
Gesamt-Radstand	5550 „	„ „ fünften „	10000 „
Dampfüberdruck	12 kg	Gewicht der Maschine im Dienst	44030 „
Heizfläche der Feuerbüchse	7,55 qm	Adhäsionsgewicht	39520 „
„ „ Siederohre innen	115,06 „	Zugkraft	5818 „
Gesamte Heizfläche	122,61 „	Pferdestärke ca.	600
Rostfläche	1,78 „		

Der zu dieser Lokomotive gehörige Tender ist auf Seite 62 dargestellt.

Lokomotiven
von 1435 bis 1670 mm Spurweite

Tenderlokomotiven . . . . . von Seite 72— 85
Lokomotiven mit Tender . . „   „ 86—129

B (2/2 gek.)
Tenderlokomotive
gebaut für
Kohlenbergwerke und Eisenhüttenwerke.

HAUPTABMESSUNGEN.

Spurweite 1435 mm

Zylinderdurchmesser	280 mm	Inhalt der Kohlenkasten	750 kg
Kolbenhub	420 „	„ „ Wasserkasten	2600 „
Raddurchmesser	900 „	Gewicht der Maschine leer	13020 „
Radstand	1700 „	Achsdruck der ersten Achse	8780 „
Dampfüberdruck	12 kg	„ „ „ zweiten „	8780 „
Heizfläche der Feuerbüchse	3,04 qm	Gewicht der Maschine im Dienst	17560 „
„ „ Siederohre innen	30,15 „	Zugkraft	2635 „
Gesamte Heizfläche	33,19 „	Pferdestärke ca.	125
Rostfläche	0,60 „		

B (2/2 gek.)
Zweizylinder-Tenderlokomotive
gebaut für
Hüttenwerke und Anschlußbahnen.

HAUPTABMESSUNGEN.

Spurweite 1435 mm

Zylinderdurchmesser	340 mm
Kolbenhub	500 „
Raddurchmesser	1050 „
Radstand	2500 „
Dampfüberdruck	12 kg
Heizfläche der Feuerbüchse	4,80 qm
„ „ Siederohre innen	61,70 „
Gesamte Heizfläche	66,50 „
Rostfläche	1,10 „
Inhalt der Kohlenkasten	1000 kg
„ „ Wasserkasten	3500 „
Gewicht der Maschine leer	19160 „
Achsdruck der ersten Achse	13080 „
„ „ zweiten „	12920 „
Gewicht der Maschine im Dienst	26000 „
Zugkraft	3965 „
Pferdestärke	ca. 250

C (3/3 gek.)
Zweizylinder-Tenderlokomotive
gebaut für die
Russische Maschinenbau-Gesellschaft „Hartmann", Lugansk.

HAUPTABMESSUNGEN.
Spurweite 1435 und 1524 mm

Zylinderdurchmesser	340 mm	Inhalt der Kohlenkasten	1000 kg
Kolbenhub	500 „	„ „ Wasserkasten	3500 „
Raddurchmesser	1000 „	Gewicht der Maschine leer	20860 „
Radstand	2350 „	Achsdruck der ersten Achse	9300 „
Dampfüberdruck	12 kg	„ „ zweiten „	9180 „
Heizfläche der Feuerbüchse	4,81 qm	„ „ dritten „	9240 „
„ „ Siederohre innen	54,89 „	Gewicht der Maschine im Dienst	27720 „
Gesamte Heizfläche	59,70 „	Zugkraft	4160 „
Rostfläche	1,10 „	Pferdestärke ca.	250

C (3/3 gek.)
Rangier-Tenderlokomotive
gebaut für
verschiedene Hüttenwerke.

HAUPTABMESSUNGEN.

Spurweite 1435 mm

Zylinderdurchmesser	340 mm	Inhalt der Kohlenkasten	1000 kg
Kolbenhub	500 „	„ „ Wasserkasten	3500 „
Raddurchmesser	1000 „	Gewicht der Maschine leer	21720 „
Radstand	2500 „	Achsdruck der ersten Achse	9700 „
Dampfüberdruck	12 kg	„ „ zweiten „	9700 „
Heizfläche der Feuerbüchse	5,18 qm	„ „ dritten „	9500 „
„ „ Siederohre innen	57,70 „	Gewicht der Maschine im Dienst	28900 „
Gesamte Heizfläche	62,88 „	Zugkraft	4160 „
Rostfläche	1,20 „	Pferdestärke ca.	250

NB. Die B (2.2 gek.) Rangier-Tenderlokomotive mit denselben Hauptabmessungen unterscheidet sich von der obigen Lokomotive nur dadurch, daß die mittlere Achse fehlt.

C (3/3 gek.) Tenderlokomotive

gebaut für

verschiedene Kohlenberg- und Hüttenwerke.

HAUPTABMESSUNGEN.

Spurweite 1435 mm

Zylinderdurchmesser	380 mm	Inhalt der Kohlenkasten	1000 kg
Kolbenhub	500 „	„ „ Wasserkasten	3700 „
Raddurchmesser	1050 „	Gewicht der Maschine leer	23680 „
Radstand	2800 „	Achsdruck der ersten Achse	10500 „
Dampfüberdruck	12 kg	„ „ zweiten „	10600 „
Heizfläche der Feuerbüchse	5,18 qm	„ „ dritten „	10040 „
„ „ Siederohre innen	63,88 „	Gewicht der Maschine im Dienst	31140 „
Gesamte Heizfläche	69,06 „	Zugkraft	5000 „
Rostfläche	1,20 „	Pferdestärke ca.	300

C (3/3 gek.) Tenderlokomotive

gebaut für die

„Eintracht" Braunkohlenwerke und Brikettfabriken, Neu-Welzow, N.-L.

HAUPTABMESSUNGEN.

Spurweite 1435 mm

Zylinderdurchmesser	410 mm	Inhalt der Kohlenkasten	1200 kg
Kolbenhub	500 „	„ „ Wasserkasten	4000 „
Raddurchmesser	1050 „	Gewicht der Maschine leer	27340 „
Radstand	3000 „	Achsdruck der ersten Achse	11860 „
Dampfüberdruck	12 kg	„ „ zweiten „	11860 „
Heizfläche der Feuerbüchse	6,80 qm	„ „ dritten „	11840 „
„ „ Siederohre innen	86,34 „	Gewicht der Maschine im Dienst	35560 „
Gesamte Heizfläche	93,14 „	Zugkraft	5760 „
Rostfläche	1,53 „	Pferdestärke ca.	420

C (3/3 gek.)
Zweizylinder-Tenderlokomotive
gebaut für den
Kölner Bergwerks-Verein.

HAUPTABMESSUNGEN.

Spurweite 1435 mm

Zylinderdurchmesser	480 mm	Inhalt der Kohlenkasten	1200 kg
Kolbenhub	560 „	„ „ Wasserkasten	4000 „
Raddurchmesser	1100 „	Gewicht der Maschine leer	32360 „
Radstand	3000 „	Achsdruck der ersten Achse	13660 „
Dampfüberdruck	13 kg	„ „ zweiten „	13680 „
Heizfläche der Feuerbüchse	7,00 qm	„ „ dritten „	13580 „
„ „ Siederohre innen	93,00 „	Gewicht der Maschine im Dienst	40920 „
Gesamte Heizfläche	100,00 „	Zugkraft	9130 „
Rostfläche	1,54 „	Pferdestärke ca.	500

E (5/5 gek.)
Zweizylinder-Güterzug-Tenderlokomotive
gebaut für die
Königliche Bergwerks-Direktion, Zabrze.

HAUPTABMESSUNGEN.

Spurweite 1435 mm

Zylinderdurchmesser	530 mm
Kolbenhub	560 „
Raddurchmesser	1100 „
Fester Radstand	3900 „
Gesamt-Radstand	5200 „
Dampfüberdruck	13 kg
Heizfläche der Feuerbüchse	11,30 qm
„ „ Siederohre innen	150,10 „
Gesamte Heizfläche	161,40 „
Rostfläche	2,70 „
Inhalt des Kohlenkastens	2000 kg
Inhalt der Wasserkasten	7000 kg
Gewicht der Maschine leer	55000 „
Achsdruck der ersten Achse	14050 „
„ „ zweiten „	13940 „
„ „ dritten „	14210 „
„ „ vierten „	13940 „
„ „ fünften „	13980 „
Gewicht der Maschine im Dienst	70120 „
Zugkraft	11150 „
Pferdestärke	ca. 850

E (5/5 gek.)
Zweizylinder-Güterzug-Tenderlokomotive
mit Überhitzer, Bauart Schmidt,
gebaut für die
Königlich Sächsischen Staatseisenbahnen.

HAUPTABMESSUNGEN.

Spurweite 1435 mm

Zylinderdurchmesser	620 mm	Inhalt der Kohlenkasten	2200 kg
Kolbenhub	630 „	„ „ Wasserkasten	7500 „
Raddurchmesser	1240 „	Gewicht der Maschine leer	60000 „
Fester Radstand	2800 „	Achsdruck der ersten Achse	15440 „
Gesamt-Radstand	5600 „	„ „ zweiten „	15700 „
Dampfüberdruck	12 kg	„ „ dritten „	15750 „
Heizfläche der Feuerbüchse	12,11 qm	„ „ vierten „	15270 „
„ „ Siederohre innen	124,29 „	„ „ fünften „	14800 „
Verdampfungs-Heizfläche	136,40 „	Gewicht der Maschine im Dienst	77000 „
Überhitzer- „	41,46 „	Zugkraft	14000 „
Gesamte „	177,86 „	Pferdestärke	ca. 1100
Rostfläche	2,27 „		

2B (2/4 gek.)
Zweizylinder-Tenderlokomotive
gebaut für die
Nederlandsch Central-Spoorweg-Maatschappy, Holland.

HAUPTABMESSUNGEN.

Spurweite 1435 mm

Zylinderdurchmesser	320 mm	Inhalt der Kohlenkasten	1200 kg
Kolbenhub	500 „	„ „ Wasserkasten	3500 „
Triebraddurchmesser	1350 „	Gewicht der Maschine leer	28560 „
Laufraddurchmesser	800 „	Achsdruck der ersten Achse	6040 „
Fester Radstand	2000 „	„ „ „ zweiten „	6040 „
Gesamt-Radstand	5700 „	„ „ „ dritten „	11950 „
Dampfüberdruck	12 kg	„ „ „ vierten „	11950 „
Heizfläche der Feuerbüchse	5,63 qm	Gewicht der Maschine im Dienst	35980 „
„ „ Siederohre innen	70,94 „	Adhäsionsgewicht	23900 „
Gesamte Heizfläche	76,57 „	Zugkraft	2730 „
Rostfläche	1,04 „	Pferdestärke ca.	420

1B1 (2/4 gek.)
Zweizylinder-Tenderlokomotive
gebaut für die
Königlich Sächsischen Staatseisenbahnen.

HAUPTABMESSUNGEN.

Spurweite 1435 mm

Zylinderdurchmesser	430 mm	Inhalt der Kohlenkasten	2000 kg
Kolbenhub	600 „	„ „ Wasserkasten	7200 „
Triebraddurchmesser	1570 „	Gewicht der Maschine leer	45060 „
Laufraddurchmesser	1045 „	Achsdruck der ersten Achse	14520 „
Fester Radstand	2000 „	„ „ zweiten „	14940 „
Gesamt-Radstand	6800 „	„ „ dritten „	14940 „
Dampfüberdruck	12 kg	„ „ vierten „	14440 „
Heizfläche der Feuerbüchse	8,07 qm	Gewicht der Maschine im Dienst	58840 „
„ „ Siederohre innen	85,91 „	Adhäsionsgewicht	29880 „
Gesamte Heizfläche	93,98 „	Zugkraft	5080 „
Rostfläche	1,56 „	Pferdestärke ca.	540

1 C 1 (3/5 gek.)
Zweizylinder-Verbund-Tenderlokomotive
gebaut für die
Valdresbanen in Norwegen.

HAUPTABMESSUNGEN.

Spurweite 1435 mm

Zylinderdurchmesser	350·520 mm
Kolbenhub	520 „
Triebraddurchmesser	1050 „
Laufraddurchmesser	700 „
Fester Radstand	2700 „
Gesamt-Radstand	6640 „
Dampfüberdruck	13 kg
Heizfläche der Feuerbüchse	4,85 qm
„ „ Siederohre innen	55,26 „
Gesamte Heizfläche	60,11 „
Rostfläche	1,33 „
Inhalt des Kohlenkastens	1500 kg
Inhalt des Wasserkastens	4000 kg
Gewicht der Maschine leer	27340 „
Achsdruck der ersten Achse	5420 „
„ „ zweiten „	7980 „
„ „ dritten „	8220 „
„ „ vierten „	7960 „
„ „ fünften „	5940 „
Gewicht der Maschine im Dienst	35520 „
Adhäsionsgewicht	24160 „
Zugkraft	4350 „
Pferdestärke	ca. 300

1 C 1 (3/5 gek.)
Zweizylinder-Verbund-Tenderlokomotive
gebaut für die
Norwegischen Staatseisenbahnen.

HAUPTABMESSUNGEN.

Spurweite 1435 mm

Zylinderdurchmesser	425 635 mm
Kolbenhub	610 „
Triebraddurchmesser	1426 „
Laufraddurchmesser	968 „
Fester Radstand	3810 „
Gesamt-Radstand	8357 „
Dampfüberdruck	12 kg
Heizfläche der Feuerbüchse	7,25 qm
„ „ Siederohre innen	75,13 „
Gesamte Heizfläche	82,38 „
Rostfläche	1,30 „
Inhalt der Kohlenkasten	1750 „
Inhalt der Wasserkasten	5000 kg
Gewicht der Maschine leer	40800 „
Achsdruck der ersten Achse	7540 „
„ „ zweiten „	11360 „
„ „ dritten „	11500 „
„ „ vierten „	11320 „
„ „ fünften „	8680 „
Gewicht der Maschine im Dienst	50400 „
Adhäsionsgewicht	34180 „
Zugkraft	4636 „
Pferdestärke	ca. 450

2 C 2 (3/7 gek.)
Dreizylinder-Verbund-Tenderlokomotive
gebaut für die
Italienische Mittelmeereisenbahnen-Gesellschaft.

HAUPTABMESSUNGEN.

Spurweite 1435 mm

Zylinderdurchmesser	430/460 mm	Gewicht der Maschine leer		61 100 kg
Kolbenhub	640 „	Achsdruck der ersten Achse		8 480 „
Triebraddurchmesser	1500 „	„ „ zweiten „		9 040 „
Laufraddurchmesser	840 „	„ „ dritten „		13 500 „
Fester Radstand	3240 „	„ „ vierten „		13 420 „
Gesamt-Radstand	9500 „	„ „ fünften „		13 480 „
Dampfüberdruck	15 kg	„ „ sechsten „		8 880 „
Heizfläche der Feuerbüchse	8,60 qm	„ „ siebenten „		8 280 „
„ „ Siederohre innen	89,80 „	Gewicht der Maschine im Dienst		75 080 „
Gesamte Heizfläche	98,40 „	Adhäsionsgewicht		40 400 „
Rostfläche	1,80 „	Zugkraft		5 916 „
Inhalt der Kohlenkasten	3200 kg	Pferdestärke	ca.	650
„ „ Wasserkasten	5900 „			

Tender
der
C (3/3 gek.) Zweizylinder-Güterzug-Lokomotive
gebaut für die
Compagnie des Chemins de Fer Andalous, Spanien.

HAUPTABMESSUNGEN.

Spurweite 1670 mm

Raddurchmesser	1100 mm	Gewicht des Tenders leer	10530 kg
Radstand	2800 „	Achsdruck der ersten Achse	11130 „
Inhalt des Wasserkastens	9000 kg	„ „ zweiten	11960 „
Kohlenvorrat	3000 „	Gewicht des Tenders im Dienst	23090 „

C (3/3 gek.)
Zweizylinder-Güterzug-Lokomotive
gebaut für die
Compagnie des Chemins de Fer Andalous, Spanien.

HAUPTABMESSUNGEN.

Spurweite 1670 mm

Zylinderdurchmesser	450 mm	Rostfläche	1,50 qm
Kolbenhub	650 ,,	Gewicht der Maschine leer	33300 kg
Raddurchmesser	1300 ,,	Achsdruck der ersten Achse	12450 ,,
Radstand	3430 ,,	,, ,, zweiten ,,	12650 ,,
Dampfüberdruck	10 kg	,, ,, dritten ,,	12900 ,,
Heizfläche der Feuerbüchse	8,24 qm	Gewicht der Maschine im Dienst	38000 ,,
,, ,, Siederohre innen	117,76 ,,	Zugkraft	6070 ,,
Gesamte Heizfläche	126,00 ,,	Pferdestärke	ca. 630

Tender
der
C (3/3 gek.) Zweizylinder-Güterzug-Lokomotive
gebaut für die
Compagnie des Chemins de Fer de Madrid à Cacéres y Portugal.

HAUPTABMESSUNGEN.

Spurweite 1670 mm

Raddurchmesser . . . . 1120 mm	Gewicht des Tenders leer . . . . . 11060 kg
Radstand . . . . 2800 „	Achsdruck der ersten Achse . . . 11260 „
Inhalt des Wasserkastens . . . . . 9000 kg	„ „ zweiten „ . . . 12060 „
Kohlenvorrat . . . . 3000 „	Gewicht des Tenders im Dienst . 23320 „

C 3/3 gek.
Zweizylinder-Güterzug-Lokomotive
gebaut für die
Compagnie des Chemins de Fer de Madrid à Cacéres y Portugal.

HAUPTABMESSUNGEN.

Spurweite 1670 mm

Zylinderdurchmesser	470 mm	Rostfläche	3,50 qm
Kolbenhub	610 „	Gewicht der Maschine leer	35900 kg
Raddurchmesser	1400 „	Achsdruck der ersten Achse	13740 „
Radstand	3800 „	„ „ zweiten „	13880 „
Dampfüberdruck	10,50 kg	„ „ dritten „	13620 „
Heizfläche der Feuerbüchse	12,50 qm	Gewicht der Maschine im Dienst	41240 „
„ „ Siederohre innen	130,50 „	Zugkraft	6060 „
Gesamte Heizfläche	143,00 „	Pferdestärke ca.	700

Tender
der
C (3/3 gek.) Zweizylinder-Güterzug-Lokomotive
gebaut für die
Vereinigten Schweizer Eisenbahnen.

HAUPTABMESSUNGEN.

Spurweite 1435 mm

Raddurchmesser . . . . 956 mm	Gewicht des Tenders leer . . . . . 10460 kg
Radstand . . . . 2700 „	Achsdruck der ersten Achse . . . 11500 „
Inhalt des Wasserkastens . . . . . . 9500 kg	„ „ zweiten „ . . . 12180 „
Kohlenvorrat . . . . 3500 „	Gewicht des Tenders im Dienst . 23680 „

C (3/3 gek.)
Zweizylinder-Güterzug-Lokomotive
gebaut für die
Vereinigten Schweizer Eisenbahnen.

HAUPTABMESSUNGEN.

Spurweite 1435 mm

Zylinderdurchmesser	450 mm	Rostfläche	1,68 qm
Kolbenhub	650 „	Gewicht der Maschine leer	36380 kg
Raddurchmesser	1386 „	Achsdruck der ersten Achse	13780 „
Radstand	3700 „	„ „ zweiten „	13880 „
Dampfüberdruck	12 kg	„ „ dritten „	13980 „
Heizfläche der Feuerbüchse	7,65 qm	Gewicht der Maschine im Dienst	41640 „
„ „ Siederohre innen	123,18 „	Zugkraft	6830 „
Gesamte Heizfläche	130,83 „	Pferdestärke ca.	700

Tender
der
D (4/4 gek.) Zweizylinder-Güterzug-Lokomotive
gebaut für die
Königlich Preußischen Staatseisenbahnen.

HAUPTABMESSUNGEN.

Spurweite 1435 mm

Raddurchmesser	1000 mm	Achsdruck der ersten Achse	9380 kg
Radstand	3300 „	„ „ zweiten „	11960 „
Inhalt des Wasserkastens	12000 kg	„ „ dritten „	11940 „
Kohlenvorrat	5000 „	Gewicht des Tenders im Dienst	33280 „
Gewicht des Tenders leer	15640 „		

D (4/4 gek.)
Zweizylinder-Güterzug-Lokomotive
gebaut für die
Königlich Preußischen Staatseisenbahnen.

HAUPTABMESSUNGEN.

Spurweite 1435 mm

Zylinderdurchmesser	520 mm	Gewicht der Maschine leer	46000 kg
Kolbenhub	630 ,,	Achsdruck der ersten Achse	13050 ,,
Raddurchmesser	1250 ,,	,, ,, zweiten ,,	13150 ,,
Radstand	4500 ,,	,, ,, dritten ,,	13250 ,,
Dampfüberdruck	12 kg	,, ,, vierten ,,	13150 ,,
Heizfläche der Feuerbüchse	10,25 qm	Gewicht der Maschine im Dienst	52600 ,,
,, ,, Siederohre innen	141,23 ,,	Zugkraft	9800 ,,
Gesamte Heizfläche	151,48 ,,	Pferdestärke	ca. 900
Rostfläche	2,28 ,,		

D (4/4 gek.)
Zweizylinder-Güterzug-Lokomotive
mit Überhitzer, Bauart Pielock,
gebaut für die
Compagnie des Chemins de Fer du Nord de l'Espagne, Paris.

HAUPTABMESSUNGEN.

Spurweite 1670 mm

Zylinderdurchmesser	530 mm	Rostfläche . . . . 2,12 qm
Kolbenhub	660 „	Gewicht der Maschine leer . . . . 47760 kg
Raddurchmesser	1300 „	Achsdruck der ersten Achse . . . 12860 „
Radstand	4130 „	„ „ zweiten „ . . . 13180 „
Dampfüberdruck	12 kg	„ „ dritten „ . . . 13540 „
Heizfläche der Feuerbüchse . . .	10,10 qm	„ „ vierten „ . . . 13360 „
„ „ Siederohre innen	118,70 „	Gewicht der Maschine im Dienst 52940 „
Verdampfungs-Heizfläche	128,80 „	Zugkraft . . . . 10200 „
Überhitzer- „	32,30 „	Pferdestärke . . . . ca. 750
Gesamte „	161,10 „	

E (5/5 gek.)
Zweizylinder-Güterzug-Lokomotive
mit Überhitzer, Bauart Schmidt,
gebaut für die
Königlich Sächsischen Staatseisenbahnen.

HAUPTABMESSUNGEN.

Spurweite 1435 mm

Zylinderdurchmesser	620 mm	Rostfläche			3,29 qm
Kolbenhub	630 „	Gewicht der Maschine leer			61480 kg
Raddurchmesser	1240 „	Achsdruck der ersten Achse			13260 „
Fester Radstand	2800 „	„	„ zweiten	„	13260 „
Gesamt-Radstand	5600 „	„	„ dritten	„	14300 „
Dampfüberdruck	12 kg	„	„ vierten	„	14300 „
Heizfläche der Feuerbüchse	13,09 qm	„	„ fünften	„	14340 „
„ „ Siederohre innen	152,49 „	Gewicht der Maschine im Dienst			69460 „
Verdampfungs-Heizfläche	165,58 „	Zugkraft			14000 „
Überhitzer- „ „	44,00 „	Pferdestärke		ca.	1000
Gesamte „ „	209,58 „				

2B (2/4 gek.)
Zweizylinder-Schnellzug-Lokomotive
gebaut für die
Dänischen Staatseisenbahnen.

HAUPTABMESSUNGEN.

Spurweite 1435 mm

Zylinderdurchmesser	430 mm
Kolbenhub	610 „
Triebraddurchmesser	1846 „
Laufraddurchmesser	914 „
Fester Radstand	2600 „
Gesamt-Radstand	6750 „
Dampfüberdruck	12 kg
Heizfläche der Feuerbüchse	9,73 qm
„ „ Siederohre innen	78,76 „
Gesamte Heizfläche	88,49 „
Rostfläche	1,78 qm
Gewicht der Maschine leer	37740 kg
Achsdruck der ersten Achse	7740 „
„ „ zweiten „	8020 „
„ „ dritten „	12700 „
„ „ vierten „	12960 „
Gewicht der Maschine im Dienst	41420 „
Adhäsionsgewicht	25640 „
Zugkraft	4400 „
Pferdestärke	ca. 550

2 B (2/4 gek.)
Zweizylinder-Verbund-Schnellzug-Lokomotive
gebaut für die
Norwegischen Staatseisenbahnen.

HAUPTABMESSUNGEN.

Spurweite 1435 mm

Zylinderdurchmesser	400 590 mm	Rostfläche .... 1,30 qm
Kolbenhub	610 „	Gewicht der Maschine leer ... 33920 kg
Triebraddurchmesser	1730 „	Achsdruck der ersten Achse ... 7540 „
Laufraddurchmesser	968 „	„ „ zweiten „ ... 7920 „
Fester Radstand	2159 „	„ „ dritten „ ... 10720 „
Gesamt-Radstand	6115 „	„ „ vierten „ ... 10720 „
Dampfüberdruck	12 kg	Gewicht der Maschine im Dienst 36900 „
Heizfläche der Feuerbüchse	7,28 qm	Adhäsionsgewicht ... 21440 „
„ „ Siederohre innen	73,48 „	Zugkraft ... 3390 „
Gesamte Heizfläche	80,76 „	Pferdestärke .... ca. 480

Der zu dieser Lokomotive passende Tender ist auf Seite 100 dargestellt.

2 B (2/4 gek.)
Zweizylinder-Schnellzug-Lokomotive
gebaut für die
Badischen Staatseisenbahnen.

HAUPTABMESSUNGEN.

Spurweite 1435 mm

Zylinderdurchmesser	460	mm	Rostfläche	2,06	qm
Kolbenhub	600	„	Gewicht der Maschine leer	43000	kg
Triebraddurchmesser	2100	„	Achsdruck der ersten Achse	8280	„
Laufraddurchmesser	990	„	„ „ zweiten „	7480	„
Fester Radstand	2550	„	„ „ dritten „	15340	„
Gesamt-Radstand	6850	„	„ „ vierten „	15560	„
Dampfüberdruck	13	kg	Gewicht der Maschine im Dienst	46660	„
Heizfläche der Feuerbüchse	9,10	qm	Adhäsionsgewicht	30900	„
„ „ Siederohre innen	95,50	„	Zugkraft	4700	„
Gesamte Heizfläche	104,60	„	Pferdestärke ca.	750	

2B (2/4 gek.)
Zweizylinder-Verbund-Personenzug-Lokomotive
gebaut für die
Königlich Sächsischen Staatseisenbahnen.

HAUPTABMESSUNGEN.

Spurweite 1435 mm

Zylinderdurchmesser	460 680 mm	Rostfläche			1,87 qm
Kolbenhub	600 „	Gewicht der Maschine leer			48040 kg
Triebraddurchmesser	1570 „	Achsdruck der ersten Achse			11120 „
Laufraddurchmesser	1045 „	„	„	zweiten „	11360 „
Fester Radstand	2100 „	„	„	dritten „	15680 „
Gesamt-Radstand	6600 „	„	„	vierten „	15840 „
Dampfüberdruck	13 kg	Gewicht der Maschine im Dienst			54000 „
Heizfläche der Feuerbüchse	9,47 qm	Adhäsionsgewicht			31520 „
„ „ Siederohre innen	121,30 „	Zugkraft			5740 „
Gesamte Heizfläche	130,77 „	Pferdestärke		ca.	850

Tender
der
2B (2/4 gek.) und 1C (3/4 gek.) Zweizylinder-Verbund-Schnellzug- und Personenzug-Lokomotive
gebaut für die
Norwegischen Staatseisenbahnen.

HAUPTABMESSUNGEN.

Spurweite 1435 mm

Raddurchmesser	968 mm	Achsdruck der ersten Achse	7720 kg
Radstand	2996 „	„ „ zweiten „	7380 „
Inhalt des Wasserkastens	8000 kg	„ „ dritten „	7730 „
Kohlenvorrat	3200 „	Gewicht des Tenders im Dienst	22830 „
Gewicht des Tenders leer	11690 „		

Dieser Tender paßt auch zur Lokomotive auf Seite 97.

1 C (3/4 gek.)
Zweizylinder-Verbund-Personenzug-Lokomotive
gebaut für die
Norwegischen Staatseisenbahnen.

HAUPTABMESSUNGEN.

Spurweite 1435 mm

Zylinderdurchmesser	425/635 mm
Kolbenhub	610 ,,
Triebraddurchmesser	1426 ,,
Laufraddurchmesser	968 ,,
Fester Radstand	3810 ,,
Gesamt-Radstand	6274 ,,
Dampfüberdruck	12 kg
Heizfläche der Feuerbüchse	7,25 qm
,, ,, Siederohre innen	73,48 ,,
Gesamte Heizfläche	80,73 ,,
Rostfläche	1,30 qm
Gewicht der Maschine leer	33820 kg
Achsdruck der ersten Achse	7620 ,,
,, ,, zweiten ,,	9720 ,,
,, ,, dritten ,,	9700 ,,
,, ,, vierten ,,	9620 ,,
Gewicht der Maschine im Dienst	36660 ,,
Adhäsionsgewicht	29040 ,,
Zugkraft	4630 ,,
Pferdestärke	ca. 500 ,,

Tender
der
1 C (3/4 gek.) Zweizylinder-Güterzug-Lokomotive
gebaut für die
Dänischen Staatseisenbahnen.

HAUPTABMESSUNGEN.

Spurweite 1435 mm

Raddurchmesser	1120 mm	Achsdruck der ersten Achse	8220 kg
Radstand	3200 „	„ „ zweiten „	10260 „
Inhalt des Wasserkastens	11350 kg	„ „ dritten „	10120 „
Kohlenvorrat	3500 „	Gewicht des Tenders im Dienst	28600 „
Gewicht des Tenders leer	13640 „		

1 C (3/4 gek.)
Zweizylinder-Güterzug-Lokomotive
gebaut für die
Dänischen Staatseisenbahnen.

HAUPTABMESSUNGEN.

Spurweite 1435 mm

Zylinderdurchmesser	430 mm	Rostfläche	1,79 qm
Kolbenhub	610 „	Gewicht der Maschine leer	39900 kg
Triebraddurchmesser	1404 „	Achsdruck der ersten Achse	7720 „
Laufraddurchmesser	934 „	„ „ zweiten „	11980 „
Fester Radstand	4000 „	„ „ dritten „	12000 „
Gesamt-Radstand	6500 „	„ „ vierten „	12060 „
Dampfüberdruck	12 kg	Gewicht der Maschine im Dienst	43760 „
Heizfläche der Feuerbüchse	8,95 qm	Adhäsionsgewicht	36040 „
„ „ Siederohre innen	97,80 „	Zugkraft	5780 „
Gesamte Heizfläche	106,75 „	Pferdestärke ca.	580

Tender
der
1C (3/4 gek.) Zweizylinder-Verbund-Güterzug-Lokomotive
gebaut für die
Reichseisenbahnen in Elsaß-Lothringen.

HAUPTABMESSUNGEN.

Spurweite 1435 mm

Raddurchmesser	1000 mm	Achsdruck der ersten Achse	10640 kg
Radstand der Drehgestelle	1550 „	„ „ zweiten „	10640 „
Gesamter Radstand	4700 „	„ „ dritten „	11160 „
Inhalt des Wasserkastens	16000 kg	„ „ vierten „	11160 „
Kohlenvorrat	4000 „	Gewicht des Tenders im Dienst	43600 „
Gewicht des Tenders leer	22380 „		

1 C (3/4 gek.)
Zweizylinder-Verbund-Güterzug-Lokomotive
gebaut für die
Reichseisenbahnen in Elsaß-Lothringen.

HAUPTABMESSUNGEN.

Spurweite 1435 mm

Zylinderdurchmesser	480 680 mm	Rostfläche	2,30 qm
Kolbenhub	630 ,,	Gewicht der Maschine leer	47760 kg
Triebraddurchmesser	1350 ,,	Achsdruck der ersten Achse	9600 ,,
Laufraddurchmesser	1000 ,,	,, ,, zweiten ,,	14600 ,,
Fester Radstand	4000 ,,	,, ,, dritten ,,	14800 ,,
Gesamt-Radstand	6300 ,,	,, ,, vierten ,,	14820 ,,
Dampfüberdruck	12 kg	Gewicht der Maschine im Dienst	53820 ,,
Heizfläche der Feuerbüchse	11,01 qm	Adhäsionsgewicht	44220 ,,
,, ,, Siederohre innen	125,77 ,,	Zugkraft	6450 ,,
Gesamte Heizfläche	136,78 ,,	Pferdestärke	700

Tender

der

1 C (3/4 gek.) Zweizylinder-Personenzug-Lokomotive

mit Überhitzer, Bauart Schmidt,

gebaut für die

Compagnie des Chemins de Fer de Madrid à Cacéres y Portugal.

HAUPTABMESSUNGEN.

Spurweite 1670 mm.

Raddurchmesser . . . . 1140 mm	Achsdruck der ersten Achse . . 9800 kg
Radstand . . . . 3000 „	„ „ zweiten „ . . 10000 „
Inhalt des Wasserkastens . . . . . 11000 kg	„ „ dritten „ . . 12400 „
Kohlenvorrat . . . . 5000 „	Gewicht des Tenders im Dienst . 32200 „
Gewicht des Tenders leer . . . . 15850 „	

1 C (3/4 gek.)
Zweizylinder-Personenzug-Lokomotive
mit Überhitzer, Bauart Schmidt,

gebaut für die

Compagnie des Chemins de Fer de Madrid à Cacéres y Portugal.

HAUPTABMESSUNGEN.

Spurweite 1670 mm

Zylinderdurchmesser	540 mm	Gesamte Heizfläche	160,40	qm
Kolbenhub	610 ,,	Rostfläche	3,70	,,
Triebraddurchmesser	1600 ,,	Gewicht der Maschine leer	47240	kg
Laufraddurchmesser	1000 ,,	Achsdruck der ersten Achse	9180	,,
Fester Radstand	3800 ,,	,, ,, zweiten ,,	14080	,,
Gesamt-Radstand	6280 ,,	,, ,, dritten ,,	14400	,,
Dampfüberdruck	12 kg	,, ,, vierten ,,	14400	,,
Heizfläche der Feuerbüchse	12,20 qm	Gewicht der Maschine im Dienst	52000	,,
,, ,, Siederohre innen	112,20 ,,	Adhäsionsgewicht	42880	,,
Verdampfungs-Heizfläche	124,40 ,,	Zugkraft	8000	,,
Überhitzer- ,,	36,00 ,,	Pferdestärke ca.	1000	

Tender
der
1 C (3/4 gek.) Zweizylinder-Verbund-Personenzug-Lokomotive
gebaut für die
Italienischen Staatseisenbahnen.

HAUPTABMESSUNGEN.

Spurweite 1435 mm

Raddurchmesser	1020 mm	Achsdruck der ersten Achse	9940 kg
Radstand	4000 „	„ „ zweiten „	9760 „
Inhalt des Wasserkastens	12000 kg	„ „ dritten „	10130 „
Kohlenvorrat	4200 „	Gewicht des Tenders im Dienst	29830 „
Gewicht des Tenders leer	13930 „		

1 C (3/4 gek.)
Zweizylinder-Verbund-Personenzug-Lokomotive
gebaut für die
Italienische Staatseisenbahnen.

HAUPTABMESSUNGEN.

Spurweite 1435 mm

Zylinderdurchmesser	410 650 mm	Rostfläche	2,33 qm
Kolbenhub	700 „	Gewicht der Maschine leer	48100 kg
Triebraddurchmesser	1520 „	Achsdruck der ersten Achse	10460 „
Laufraddurchmesser	850 „	„ „ zweiten „	14180 „
Fester Radstand	4100 „	„ „ dritten „	14260 „
Gesamt-Radstand	6750 „	„ „ vierten „	14100 „
Dampfüberdruck	16 kg	Gewicht der Maschine im Dienst	53000 „
Heizfläche der Feuerbüchse	10,25 qm	Adhäsionsgewicht	42540 „
„ „ Siederohre innen	143,43 „	Zugkraft	6193 „
Gesamte Heizfläche	153,68 „	Pferdestärke	1000

Tender
der
1 C (3/4 gek.) Zweizylinder-Personen- und Güterzug-Lokomotive
gebaut für die
Rumänischen Staatseisenbahnen.

HAUPTABMESSUNGEN.

Spurweite 1435 mm

Raddurchmesser	1040 mm	Achsdruck der ersten Achse	12650 kg
Radstand	3425 „	„ „ zweiten „	12650 „
Inhalt des Wasserkastens	15000 kg	„ „ dritten „	12650 „
Naphthavorrat	4500 l	Gewicht des Tenders im Dienst	37950 „
Gewicht des Tenders leer	18420 kg		

1 C (3/4 gek.)
Zweizylinder-Personen- u. Güterzug-Lokomotive
gebaut für die
Rumänischen Staatseisenbahnen.

HAUPTABMESSUNGEN.

Spurweite 1435 mm

Zylinderdurchmesser	480 mm	Rostfläche	2,16 qm
Kolbenhub	650 „	Gewicht der Maschine leer	50720 kg
Triebraddurchmesser	1468 „	Achsdruck der ersten Achse	9860 „
Laufraddurchmesser	956 „	„ „ zweiten „	15380 „
Fester Radstand	2425 „	„ „ dritten „	15420 „
Gesamt-Radstand	7085 „	„ „ vierten „	15400 „
Dampfüberdruck	12 kg	Gewicht der Maschine im Dienst	56060 „
Heizfläche der Feuerbüchse	12,13 qm	Adhäsionsgewicht	46200 „
„ „ Siederohre innen	146,45 „	Zugkraft	7345 „
Gesamte Heizfläche	158,58 „	Pferdestärke	ca. 900

1

Tender
der
2 B 1 (2/5 gek.) Vierzylinder-Verbund-Schnellzug-Lokomotive
gebaut für die
Königlich Sächsischen Staatseisenbahnen.

HAUPTABMESSUNGEN.

Spurweite 1435 mm

Raddurchmesser	1000 mm	Achsdruck der ersten Achse	11350 kg
Radstand der Drehgestelle	1600 „	„ „ zweiten „	11350 „
Gesamt-Radstand	4700 „	„ „ dritten „	12000 „
Inhalt des Wasserkastens	21000 kg	„ „ vierten „	12000 „
Kohlenvorrat	5000 „	Gewicht des Tenders im Dienst	46700 „
Gewicht des Tenders leer	19740 „		

2 B 1 (2/5 gek.)
Vierzylinder-Verbund-Schnellzug-Lokomotive
gebaut für die
Königlich Sächsischen Staatseisenbahnen.

HAUPTABMESSUNGEN.

Spurweite 1435 mm

Zylinderdurchmesser	350/550 mm	Rostfläche .... 2,41 qm
Kolbenhub	660 „	Gewicht der Maschine leer .... 60 300 kg
Triebraddurchmesser	1 980 „	Achsdruck der ersten Achse .... 10 520 „
Laufraddurchmesser, vorn	1 045 „	„ „ zweiten „ ... 10 520 „
„ hinten	1 240 „	„ „ dritten „ ... 16 000 „
Fester Radstand	2 150 „	„ „ vierten „ ... 16 080 „
Gesamt-Radstand	9 150 „	„ „ fünften „ ... 14 780 „
Dampfüberdruck	15 kg	Gewicht der Maschine im Dienst . 67 900 „
Heizfläche der Feuerbüchse	13,65 qm	Adhäsionsgewicht .... 32 080 „
„ „ Siederohre innen	151,50 „	Zugkraft .... 6 120 „
Gesamte Heizfläche	165,15 „	Pferdestärke .... ca. 1 350

2 B (2/4 gek.)
Zweizylinder-Verbund-Schnellzug-Lokomotive
gebaut für die
Königlich Sächsischen Staatseisenbahnen.

HAUPTABMESSUNGEN.

Spurweite 1435 mm

Zylinderdurchmesser	480/700 mm	Rostfläche	2,29 qm
Kolbenhub	630 „	Gewicht der Maschine leer	50720 kg
Triebraddurchmesser	1885 „	Achsdruck der ersten Achse	12360 „
Laufraddurchmesser	1045 „	„ „ zweiten „	12480 „
Fester Radstand	2400 „	„ „ dritten „	15740 „
Gesamt-Radstand	6800 „	„ „ vierten „	15820 „
Dampfüberdruck	13 kg	Gewicht der Maschine im Dienst	56400 „
Heizfläche der Feuerbüchse	11,07 qm	Adhäsionsgewicht	31560 „
„ „ Siederohre innen	117,86 „	Zugkraft	5000 „
Gesamte Heizfläche	128,93 „	Pferdestärke	ca. 850

2 B 1 (2/5 gek.)
Zweizylinder-Schnellzug-Lokomotive
mit Überhitzer, Bauart Schmidt,

gebaut für die

Königlich Sächsischen Staatseisenbahnen.

HAUPTABMESSUNGEN.

Spurweite 1435 mm

Zylinderdurchmesser	510 mm	Gesamte Heizfläche	218,76	qm
Kolbenhub	630 „	Rostfläche	2,84	„
Triebraddurchmesser	1980 „	Gewicht der Maschine leer	62250	kg
Laufraddurchmesser vorn	1045 „	Achsdruck der ersten Achse	12380	„
„ „ hinten	1240 „	„ „ zweiten „	12360	„
Fester Radstand	4150 „	„ „ dritten „	15860	„
Gesamt-Radstand	8700 „	„ „ vierten „	15820	„
Dampfüberdruck	12 kg	„ „ fünften „	13380	„
Heizfläche der Feuerbüchse	13,42 qm	Gewicht der Maschine im Dienst	69800	„
„ „ Siederohre innen	158,24 „	Adhäsionsgewicht	31680	„
Verdampfungs-Heizfläche	171,66 „	Zugkraft	6000	„
Überhitzer- „	47,10 „	Pferdestärke ca.	1600	

Der zu dieser Lokomotive gehörige Tender ist auf Seite 122 dargestellt.

Tender
der
2 C (3/5 gek.) Zweizylinder-Verbund-Schnellzug-Lokomotive
gebaut für die
Nederlandsch-Indische Spoorweg Maatschappy, Java.

HAUPTABMESSUNGEN.

Spurweite 1435 mm

Raddurchmesser	1115 mm	Achsdruck der ersten Achse	8400 kg
Radstand	2800 „	„ „ zweiten „	9600 „
Inhalt des Wasserkastens	11000 kg	„ „ dritten „	9720 „
Kohlenvorrat	3500 „	Gewicht des Tenders im Dienst	27720 „
Gewicht des Tenders leer	13120 „		

2 C (3/5 gek.)
Zweizylinder-Verbund-Personenzug-Lokomotive
gebaut für die
Nederlandsch-Indische Spoorweg-Maatschappy, Java.

HAUPTABMESSUNGEN.

Spurweite 1435 mm

Zylinderdurchmesser	450/670 mm	
Kolbenhub	650 „	
Triebraddurchmesser	1445 „	
Laufraddurchmesser	988 „	
Fester Radstand	3350 „	
Gesamt-Radstand	6880 „	
Dampfüberdruck	12,65 kg	
Heizfläche der Feuerbüchse	8,50 qm	
„ „ Siederohre innen	108,80 „	
Gesamte Heizfläche	117,30 „	
Rostfläche	1,90 „	
Gewicht der Maschine leer	45 280 kg	
Achsdruck der ersten Achse	7340 „	
„ „ zweiten „	7400 „	
„ „ dritten „	11 660 „	
„ „ vierten „	11 640 „	
„ „ fünften „	11 560 „	
Gewicht der Maschine im Dienst	49 600 „	
Adhäsionsgewicht	34 860 „	
Zugkraft	5800 „	
Pferdestärke	ca. 700	

Tender
der
2 C (3/5 gek.) Zweizylinder-Verbund-Personenzug-Lokomotive
gebaut für die
Norwegischen Staatseisenbahnen.

HAUPTABMESSUNGEN.

Spurweite 1435 mm

Raddurchmesser	988 mm	Achsdruck der ersten Achse	7110 kg
Radstand der Drehgestelle	1600 „	„ „ zweiten „	7160 „
Gesamt-Radstand	4350 „	„ „ dritten „	7320 „
Inhalt des Wasserkastens	11000 kg	„ „ vierten „	7500 „
Kohlenvorrat	3500 „	Gewicht des Tenders im Dienst	29090 „
Gewicht des Tenders leer	14421 „		

2 C (3/5 gek.)
Zweizylinder-Verbund-Personenzug-Lokomotive
gebaut für die
Norwegischen Staatseisenbahnen.

HAUPTABMESSUNGEN.

Spurweite 1435 mm

Zylinderdurchmesser	450/670 mm	Gewicht der Maschine leer	46800 kg
Kolbenhub	650 „	Achsdruck der ersten Achse	7490 „
Triebraddurchmesser	1445 „	„ „ zweiten „	7490 „
Laufraddurchmesser	988 „	„ „ dritten „	12040 „
Fester Radstand	3350 „	„ „ vierten „	12140 „
Gesamt-Radstand	6880 „	„ „ fünften „	11960 „
Dampfüberdruck	13 kg	Gewicht der Maschine im Dienst.	51120 „
Heizfläche der Feuerbüchse	8,60 qm	Adhäsionsgewicht	36140 „
„ „ Siederohre innen	108,80 „	Zugkraft	5920 „
Gesamte Heizfläche	117,40 „	Pferdestärke ca.	700
Rostfläche	1,90 „		

Tender
der
2 C (3/5 gek.) Zweizylinder-Personen- u. Güterzug-Lokomotive
gebaut für die
Schantung-Eisenbahn-Gesellschaft, China.

HAUPTABMESSUNGEN.

Spurweite 1435 mm

Raddurchmesser . . . . 1000 mm	Achsdruck der ersten Achse . . . . 11620 kg
Radstand . . . . 3300 „	„ „ zweiten „ . . . . 12440 „
Inhalt des Wasserkastens . . . . . 12000 kg	„ „ dritten „ . . . . 12420 „
Kohlenvorrat . . . . 8000 „	Gewicht des Tenders im Dienst . 36480 „
Gewicht des Tenders leer . . . . . 15940 „	

2 C (3/5 gek.)
Zweizylinder-Personen- u. Güterzug-Lokomotive
gebaut für die
Schantung-Eisenbahn-Gesellschaft, China.

HAUPTABMESSUNGEN.

Spurweite 1435 mm

Zylinderdurchmesser	500 mm	Gewicht der Maschine leer	48600 kg
Kolbenhub	630 „	Achsdruck der ersten Achse	7060 „
Triebraddurchmesser	1350 „	„ „ zweiten „	7280 „
Laufraddurchmesser	800 „	„ „ dritten „	13500 „
Fester Radstand	3800 „	„ „ vierten „	13520 „
Gesamt-Radstand	7150 „	„ „ fünften „	13400 „
Dampfüberdruck	12 kg	Gewicht der Maschine im Dienst	54760 „
Heizfläche der Feuerbüchse	11,46 qm	Adhäsionsgewicht	40420 „
„ „ Siederohre innen	145,50 „	Zugkraft	8400 „
Gesamte Heizfläche	156,96 „	Pferdestärke	ca 830
Rostfläche	2,41 „		

Tender
der
2 B 1 (2/5 gek.), 2 C (3/5 gek.) Zwei- und Vierzylinder-Schnellzug-Lokomotiven
gebaut für die
Königlich Sächsischen Staatseisenbahnen.

HAUPTABMESSUNGEN.

Spurweite 1435 mm

Raddurchmesser	1000 mm	Achsdruck der ersten Achse	...	11600 kg
Radstand der Drehgestelle	1600 „	„ „ zweiten „	...	11300 „
Gesamt-Radstand	5100 „	„ „ dritten „	...	11840 „
Inhalt des Wasserkastens	21000 kg	„ „ vierten „	...	12030 „
Kohlenvorrat	5000 „	Gewicht des Tenders im Dienst	.	46770 „
Gewicht des Tenders leer	19720 „			

Dieser Tender paßt zu den auf Seite 115 u. 127 dargestellten Schnellzug-Lokomotiven.

2 C (3/5 gek.)
Zweizylinder-Schnellzug-Lokomotive
mit Überhitzer, Bauart Schmidt,

gebaut für die

Königlich Sächsischen Staatseisenbahnen.

HAUPTABMESSUNGEN.

Spurweite 1435 mm

Zylinderdurchmesser	610 mm	Rostfläche	2,84 qm
Kolbenhub	630 ,,	Gewicht der Maschine leer	64300 kg
Triebraddurchmesser	1885 ,,	Achsdruck der ersten Achse	12360 ,,
Laufraddurchmesser	1045 ,,	,, ,, zweiten ,,	12300 ,,
Fester Radstand	4100 ,,	,, ,, dritten ,,	15780 ,,
Gesamt-Radstand	8650 ,,	,, ,, vierten ,,	15680 ,,
Dampfüberdruck	12 kg	,, ,, fünften ,,	15780 ,,
Heizfläche der Feuerbüchse	13,42 qm	Gewicht der Maschine im Dienst	71900 ,,
,, ,, Siederohre innen	158,24 ,,	Adhäsionsgewicht	47240 ,,
Verdampfungs-Heizfläche	171,66 ,,	Zugkraft	8900 ,,
Überhitzer- ,,	47,10 ,,	Pferdestärke ca.	1600 ,,
Gesamte ,,	218,76 ,,		

Tender
der
2 C (3/5 gek.) Zweizylinder-Verbund-Personenzug-Lokomotive
gebaut für die
Canadian Pacific Railway Company, Canada.

HAUPTABMESSUNGEN.

Spurweite 1435 mm

Raddurchmesser	864 mm	Achsdruck der ersten Achse	12720 kg
Radstand der Drehgestelle	1828 „	„ „ zweiten „	13600 „
Gesamt-Radstand	5296 „	„ „ dritten „	15080 „
Inhalt des Wasserkastens	22300 kg	„ „ vierten „	14960 „
Kohlenvorrat	9100 „	Gewicht des Tenders im Dienst	56360 „
Gewicht des Tenders leer	24580 „		

2 C (3/5 gek.)
Zweizylinder-Verbund-Personenzug-Lokomotive
gebaut für die
Canadian Pacific Railway Company, Canada.

HAUPTABMESSUNGEN.

Spurweite 1435 mm

Zylinderdurchmesser	559/838 mm	Gewicht der Maschine leer	68440 kg
Kolbenhub	660 "	Achsdruck der ersten Achse	8700 "
Triebraddurchmesser	1600 "	" " zweiten "	8880 "
Laufraddurchmesser	762 "	" " dritten "	18700 "
Fester Radstand	4419 "	" " vierten "	21300 "
Gesamt-Radstand	7670 "	" " fünften "	18940 "
Dampfüberdruck	14,76 kg	Gewicht der Maschine im Dienst	76520 "
Heizfläche der Feuerbüchse	13,70 qm	Adhäsionsgewicht	58940 "
" " Siederohre innen	185,00 "	Zugkraft	9500 "
Gesamte Heizfläche	198,70 "	Pferdestärke	ca. 1500
Rostfläche	3,09 "		

2 C (3/5 gek.)
Vierzylinder-Verbund-Schnellzug-Lokomotive
gebaut für die
Compagnie des Chemins de Fer de l'Est, Paris.

Spurweite 1435 mm

Zylinderdurchmesser	350/550 mm	Gewicht der Maschine leer . . . . 63500 kg
Kolbenhub	640 „	Achsdruck der ersten Achse . . . 9940 „
Triebraddurchmesser	1750 „	„ „ zweiten „ . . . 9980 „
Laufraddurchmesser	920 „	„ „ dritten „ . . . 16680 „
Fester Radstand	4100 „	„ „ vierten „ . . . 16660 „
Gesamt-Radstand	8150 „	„ „ fünften „ . . . 16740 „
Dampfüberdruck	16 kg	Gewicht der Maschine im Dienst 70000 „
Heizfläche der Feuerbüchse	13,70 qm	Adhäsionsgewicht . . . . 50080 „
„ „ Siederohre innen	186,60 „	Zugkraft . . . . 7500 „
Gesamte Heizfläche	200,30 „	Pferdestärke . . . . ca. 1500 „
Rostfläche	2,56 „	

2 C (3/5 gek.)
Vierzylinder-Verbund-Schnellzug-Lokomotive
mit Überhitzer, Bauart Schmidt,

gebaut für die

Königlich Sächsischen Staatseisenbahnen.

HAUPTABMESSUNGEN.

Spurweite 1435 mm

Zylinderdurchmesser	430 680 mm	Rostfläche	2,76 qm
Kolbenhub	630 „	Gewicht der Maschine leer	67800 kg
Triebraddurchmesser	1885 „	Achsdruck der ersten Achse	13280 „
Laufraddurchmesser	1045 „	„ „ zweiten „	13280 „
Fester Radstand	4100 „	„ „ dritten „	16080 „
Gesamt-Radstand	8450 „	„ „ vierten „	16080 „
Dampfüberdruck	15 kg	„ „ fünften „	16080 „
Heizfläche der Feuerbüchse	12,83 qm	Gewicht der Maschine im Dienst	74800 „
„ „ Siederohre innen	133,42 „	Adhäsionsgewicht	48240 „
Verdampfungs-Heizfläche	146,25 „	Zugkraft	8600 „
Überhitzer- „ „	41,00 „	Pferdestärke	ca. 1600
Gesamte „ „	187,25 „		

Der zu dieser Lokomotive gehörige Tender ist auf Seite 122 dargestellt.

1 D (4/5 gek.)
Zweizylinder-Verbund-Güterzug-Lokomotive
mit Überhitzer, Bauart Schmidt, und Hohlachse, Bauart Klien-Lindner,

gebaut für die

Königlich Sächsischen Staatseisenbahnen.

HAUPTABMESSUNGEN.

Spurweite 1435 mm

Zylinderdurchmesser	530/770 mm	Rostfläche	3,17 qm
Kolbenhub	630 „	Gewicht der Maschine leer	64100 kg
Triebraddurchmesser	1240 „	Achsdruck der ersten Achse	10700 „
Laufraddurchmesser	1045 „	„ „ zweiten „	15000 „
Fester Radstand	2860 „	„ „ dritten „	14840 „
Gesamt-Radstand	7760 „	„ „ vierten „	15100 „
Dampfüberdruck	15 kg	„ „ fünften „	15160 „
Heizfläche der Feuerbüchse	12,15 qm	Gewicht der Maschine im Dienst	70800 „
„ „ Siederohre innen	142,65 „	Adhäsionsgewicht	60100 „
Verdampfungs-Heizfläche	154,80 „	Zugkraft	10700 „
Überhitzer- „	42,20 „	Pferdestärke	ca. 1000
Gesamte „	197,00 „		

B+B (2/2+2/2 gek.)
Verbund-Güterzug-Lokomotive, Bauart Mallet,
gebaut für die
Königlich Sächsischen Staatseisenbahnen.

HAUPTABMESSUNGEN.

Spurweite 1435 mm

Zylinderdurchmesser	450/650 mm	Gewicht der Maschine leer	53 580 kg
Kolbenhub	600 ,,	Achsdruck der ersten Achse	14 920 ,,
Triebraddurchmesser	1240 ,,	,, ,, zweiten ,,	14 920 ,,
Fester Radstand	1700 ,,	,, ,, dritten ,,	14 890 ,,
Gesamt-Radstand	5750 ,,	,, ,, vierten ,,	14 890 ,,
Dampfüberdruck	12 kg	Gewicht der Maschine im Dienst	59 620 ,,
Heizfläche der Feuerbüchse	10,65 qm	Adhäsionsgewicht	59 620 ,,
,, ,, Siederohre innen	130,41 ,,	Zugkraft	10 240 ,,
Gesamte Heizfläche	141,06 ,,	Pferdestärke	ca. 850
Rostfläche	2,08 ,,		

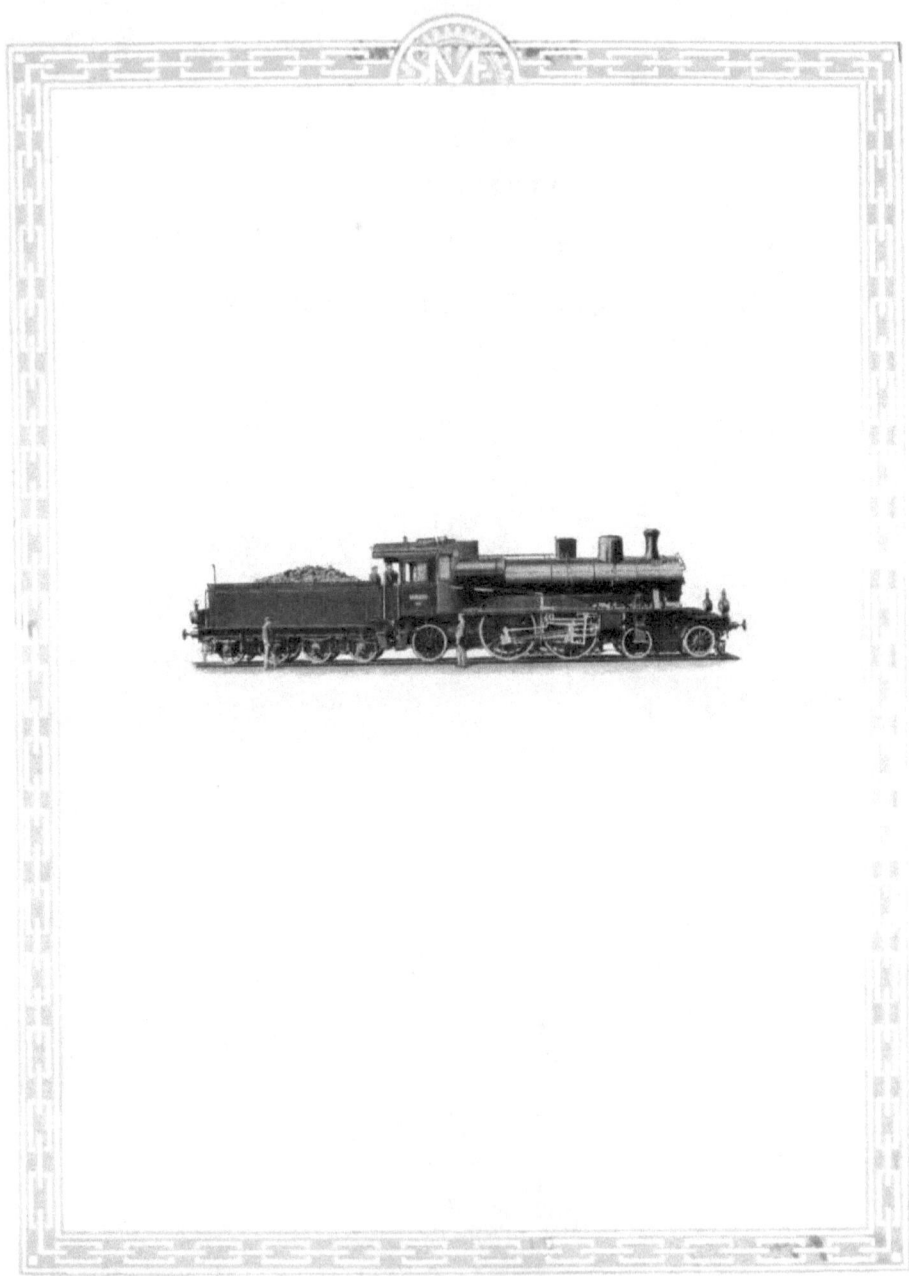

www.ingramcontent.com/pod-product-compliance
Lightning Source LLC
Chambersburg PA
CBHW030828230426
43667CB00008B/1434